Urban Schmitt

In 20 Sekunden zum Neukunden

Kaltakquise kinderleicht

Trainerverlag

Impressum / Imprint
Bibliografische Information der Deutschen Nationalbibliothek: Die Deutsche Nationalbibliothek verzeichnet diese Publikation in der Deutschen Nationalbibliografie; detaillierte bibliografische Daten sind im Internet über http://dnb.d-nb.de abrufbar.

Bibliographic information published by the Deutsche Nationalbibliothek: The Deutsche Nationalbibliothek lists this publication in the Deutsche Nationalbibliografie; detailed bibliographic data are available in the Internet at http://dnb.d-nb.de.

Coverbild / Cover image: www.ingimage.com

Verlag / Publisher:
Der Trainerverlag
ist ein Imprint der / is a trademark of
AV Akademikerverlag GmbH & Co. KG
Heinrich-Böcking-Str. 6-8, 66121 Saarbrücken, Deutschland / Germany
Email: info@verlag-trainer.de

Herstellung: siehe letzte Seite /
Printed at: see last page
ISBN: 978-3-8417-5069-3

Urban Schmitt

In 20 Sekunden zum Neukunden

Inhalt

Vorwort - Einführung

Lieber Leser und Sales-Mitarbeiter,

ich bin seit elf Jahren als Verkaufstrainer tätig und habe in den letzten Jahren alles unterrichtet, was in der Deutschen Industrie und Wirtschaft Rang und Namen hat.

Große IT- und Software-Unternehmen gehören ebenso dazu, wie auch Verlage, Banken, Automotive Konzerne und das weite Branchenfeld "Tele-kommunikation", d.h. die hier beschriebene Vorgehensweise **ist für jede Branche gleichermaßen einsetzbar und erfolgreich.**

Dass Ihnen mein Name vielleicht noch nicht bekannt ist, hat sicher damit zu tun, dass ich viele Jahre als angestellter Trainer an den jeweiligen Interessenten vermittelt wurde und mich erst vor kurzem selbständig gemacht habe.

Dabei hat sich als mein erfolgreichstes Seminarthema die bei den meisten Unternehmen sehr unbeliebte **telefonische Neukundenakquise** erwiesen. Aus meiner Sicht gibt es hierzu gerade in der deutschsprachigen Literatur wenig Material, das für jedes Unternehmen leicht umsetzbar und auf die jeweilige Dienstleistung mühelos anpassbar ist. Das diesem Buch zugrunde liegende Trainingskonzept wurde mit einigen Anpassungen (dazu später) auch in anderen Ländern erfolgreich eingesetzt und hat dort in der Regel einen wichtigen Beitrag zur Erreichung der Umsatzziele geleistet.

Ein besonderes Anliegen ist es mir, gerade **den Mittelstand zu stärken** und auch kleineren Unternehmen Profi-Praxiswissen an die Hand zu geben, um die gewünschten Neukunden zu erreichen.

Bei meinen vielen Seminaren werde ich immer gefragt, ob es die Themen nicht auch in schriftlicher Form gibt. Diesem Anliegen komme ich mit dem vorliegenden Buch gerne nach. **Auf jegliche Verkaufstheorie wird in diesem Praxiswerkzeug vollkommen verzichtet**. Alle hier beschriebenen Methoden wurden ausgiebig in der Praxis getestet und nur die weiter gegeben, die jeweils zum gewünschten Erfolg (z.B. mehr qualifizierten Terminen) geführt haben.

Wie Kleidung, Frisuren und viele andere Dinge unterliegt auch das Telesales starken Trends. Deshalb unterscheide ich mich von anderen Trainern dadurch, dass ich die ganzen Jahre immer selbst aktiv am Telefon war und die Konzepte erst dann an meine Kunden oder Mitarbeiter weiter gegeben habe, wenn sie sich an der "Front" bewährt haben.

Noch ein **Aufruf zur gegenseitigen Fairness**: Auch wenn Kooperationsanrufe zuweilen stören und vielfach grottenschlecht geführt werden ("Schön, dass ich Sie erreiche", "Wir sind erst zufrieden, wenn es der Kunde ist", "Sie wollen doch sicher auch Zeit und Geld sparen?" und andere Plattitüden), reagieren Sie ein bisschen aufgeschlossener. Auch Ihr Unternehmen wird kurz- oder mittelfristig Neukunden benötigen und auch Ihre Vertriebsmannschaft ist dafür dankbar, nicht ständig als Störenfried behandelt zu werden, sondern auch eine Absage in höflicher Form zu bekommen. Für den Verkäufer gilt natürlich das Gleiche zum Thema Rücksichtnahme: Fassen Sie Ihr Thema **kurz und nutzenorientiert** zusammen (dazu später), damit sich Ihr Ansprechpartner möglichst schnell, und ohne viel seiner Arbeitszeit zu verlieren, ein Bild machen kann, ob eine Zusammenarbeit in Frage kommen kann. Dann ist Telesales für beide ein echter Gewinn.

Wer ist geeignet für die Kaltakquise (auch ein Anhaltspunkt für die entsprechende Stellenbesetzung)? Gefragt ist heutzutage kein unterwürfiger Bückling(“Darf ich Ihnen einen Moment Ihrer kostbaren Zeit stehlen?“), der seinen Gesprächspartner mit Konjunktiven bombardiert, sondern ein **proaktiver, gleichberechtigter Beratertyp**, der bei Problemen mit dem Produkt oder der Dienstleistung auch selbstbewusst genug erscheint, z.B. Gewährleistungsansprüche oder Anpassungen im eigenen Unternehmen geltend durchzusetzen.

Noch ein Hinweis zur Anwendung dieses Praxishandbuchs:
Die mit “Trainer Tipp“ gekennzeichneten Vorgehensweisen sind Strategien, auf die eine Vielzahl von Kunden besonders aufgeschlossen reagiert haben, oder die Sie in eine gesprächstaktisch besonders vorteilhafte Situation bringen.
Bitte auf jeden Fall immer ausprobieren!

Ich wünsche Ihnen bei der Umsetzung viel Erfolg und eine schnelle Vermehrung Ihrer Wunschkunden.

Dießen am Ammersee 2013

Urban Schmitt

Kapitel 1: Die optimale Vorbereitung oder: Grundregeln für ein erfolgreiches Akquirieren am Telefon

Der große argentinische Freiheitskämpfer Ernesto "Che" Guevara hat sinngemäß in seinem Handbuch für den Guerilla Kampf dargestellt, dass keinesfalls alle Voraussetzungen vorliegen müssen (und wahrscheinlich auch nie werden), um optimaler Weise mit der Revolution zu beginnen.

Genauso ist es mit der Neukundengewinnung. Häufig werden bereits geplante Aktionen wieder verschoben, weil gerade "Messezeit" oder Urlaubszeit ist, die Internetseiten noch nicht auf den neuesten Stand gebracht worden sind oder die Präsentationsmaterialien eine Neuerscheinung noch nicht enthalten. Aus meiner Erfahrung haben diese Faktoren in den meisten Branchen nur einen sehr geringen Einfluss auf den Erfolg der Terminierung oder des Verkaufs. Hier wird oft **wertvolle Zeit verloren**, die Ihre Konkurrenz für sich gewinnbringend nutzen kann.

Demzufolge ist der richtige Zeitpunkt für den Beginn der Neukundenakquise **nach Entwicklung eines in diesem Buch beschriebenen Konzepts "heute und jetzt sofort"**. Von diesem Grundsatz gibt es eine wichtige Einschränkung. Die **bundesweiten Ferienzeiten** sollten unbedingt berücksichtigt werden, d.h. sind in Ihrem oder dem anvisierten Bundesland noch Ferien, sollten diese Adressen erst ca. **eine Woche nach Ferienend**e angegangen werden. Hier ist aufgrund der Unterbesetzung in dieser Jahreszeit sonst mit verstärkter Ablehnung zu rechnen.

Kommen wir zur konkreten Vorbereitung:

1. Stellen Sie **ausreichend Adressen** in Ihrer Wunschzielgruppe zur Verfügung. Bedenken Sie dabei, dass viele Ansprechpartner nicht sofort erreichbar sind, die Sekretärin möglicherweise nicht durchstellt oder der Ansprechpartner sehr kurz angebunden reagiert oder im schlimmsten Fall einfach einhängt. Solche Gespräche sind dann sehr kurz und die nächste Adresse muss ohne Unterbrechung zur Verfügung stehen. Gerät hier der Adressfluss immer wieder ins Stocken, wirkt sich das sehr negativ auf den Arbeitsrhythmus des Telefonierenden aus.

Da es auch bei Profis immer wieder eine "Aufwärmphase" von mehreren Gesprächen gibt, muss nach einer Unterbrechung, die für den Betroffenen extrem nervig ist, wieder neu begonnen werden, was wiederum keinen positiven Einfluss auf die Gesprächsmotivation hat. Als Faustregel soll dabei gelten: Für eine **vierstündige** Kaltakquise bei mittelständischen Unternehmen sollten mindestens **60 Firmenadressen** mit Telefonnummern zur Verfügung stehen.

Trainer Tipp: ***Bitte nicht den Kollegen die Telefonnummern selbst im Netz recherchieren lassen. Das führt zu einer Störung der Gesprächsmotivation (s.o.).***

2. Legen Sie den gewünschten Ansprechpartner für Ihr Produkt oder Ihre Dienstleistung so konkret wie möglich fest.

In der Regel wird man zunächst den Ansprechpartner der jeweiligen Fachabteilung kontaktieren. Diese können sein:

- EDV/IT - Leiter
- Einkaufsleiter
- Vertriebsleiter
- Marketingleiter
- Leiter Presse/Öffentlichkeitsarbeit
- Personalleiter/Leiter HR (Human Resources)
- Leiter Controlling
- Leiter Buchhaltung/Finanzen

Planen Sie dagegen, gleich auf Geschäftsführungs- oder Vorstandsebene (vielleicht, weil Ihr Produkt/Dienstleistung sehr teuer ist oder abteilungsübergreifend eingesetzt werden muss) zu akquirieren, so gilt folgendes: Die Wahrscheinlichkeit, im ersten Gespräch bereits durchgestellt zu werden ist sehr gering und Sie werden in der Regel beim Chefsekretariat landen. An dieser Stelle haben Sie keinen Einfluss mehr darauf, ob und in welcher Form Ihr Thema an die Zielperson weiter geleitet wird.

Haben Sie dagegen das Thema bei der oder den Fachabteilungen platziert, können Sie sich im Chefsekretariat darauf berufen ("Ich hatte letzte Woche darüber schon mit Frau/Herrn (...) gesprochen, der das Thema äußerst interessant fand" - bitte nur, wenn dem auch wirklich so ist und der Fachabteilungsleiter gefragt wurde und damit einverstanden ist -) und erhöhen damit ganz erheblich die Wahrscheinlichkeit, auch in die Chefetage vorzudringen.

Trainer Tipp: ***Bei abteilungsübergreifenden oder sehr teuren Dienstleistungen, die die Mitwirkung oder die Budgetierung der***

Führungsebene verlangen, Befürworter in den einzelnen Fachabteilungen sammeln.

3. Definieren Sie für sich oder Ihr Team **feste Zeiten**, in denen Sie aktiv akquirieren wollen. Laut meiner eigenen Analysen bei Großprojekten, die über Vertriebspartner abgewickelt wurden, haben sich folgende Zeiten als besonderes effizient erwiesen:

Di, Mi, Do von 9:00 bis 11:30 und von 14: 00 bis 16:30

In diesen Zeiträumen waren die Angesprochenen **wesentlich aufgeschlossener** und **leichter zu erreichen** als montags oder freitags. Montags und freitags nimmt erfahrungsgemäß die Meetinghäufigkeit zu und die Mitarbeiter sind mit der Wochen- bzw. Wochenendplanung beschäftigt. Einige Fachbücher weisen darauf hin, dass gerade in den Mittagspausen oder nach 17:00 viele leitende Angestellte direkt ans Telefon gehen, statistisch konnte ich diese Annahme nicht belegen, solche Gespräche waren mehr Zufallstreffer…

4. Sorgen sie für ein ruhiges Arbeitsumfeld!

Eleminieren Sie nach Möglichkeit **jegliche Art von Störgeräuschen** und sorgen Sie bitte dafür, dass Sie während der Akquisezeiten nicht gestört werden. Geben Sie Ihren potentiellen Neukunden das Gefühl, dass Sie ihnen **Ihre uneingeschränkte Aufmerksamkeit** zu Teil werden lassen. Stimmengewirr im Hintergrund vermittelt Ihren Kunden leicht den Eindruck, sie werden von tendenziell nur oberflächlich geschulten Mitarbeitern so genannter Call Center kontaktiert.

5. Bereiten Sie sich auf Ihr Gespräch gut vor.

Informieren Sie sich vor dem Anruf z.B. über mögliche **Projekte** oder die Unternehmensphilosophie Ihres Wunschkunden. Je individueller Sie sich auf Ihren Gesprächspartner einstellen, desto aufgeschlossener wird er sich Ihren Vorschlag anhören und auch Fragen zu Projekten beantworten, die Ansätze für eine mögliche Partnerschaft bieten. Wenn Sie Ihren Ansprechpartner häufiger kontaktieren, lesen Sie sich bitte die Kontakthistorie in Ruhe durch und achten Sie auf **Besonderheiten, die Sie über Ihr telefonisches Gegenüber in Erfahrung bringen konnten** (z.B. Urlaub, Heirat, Nachwuchs, etc.). Das signalisiert nicht nur persönliches Interesse, sondern Ihr Gespräch wird mit Themen angereichert, **über die jeder gerne spricht.**

Interessante Aspekte über Ihren Kunden finden sich auf den Firmen-Internetseiten in der Regel in folgenden Rubriken:

- Wir über uns
- Aktuelle Projekte
- Stellenanzeigen (neue Mitarbeiter benötigen z.B. neue Softwarelizenzen)
- Referenzen (vielleicht finden Sie hier gemeinsame Kunden)
- Pressemitteilungen

Alle so gewonnenen Informationen bitte **gleich in Ihrer Vertriebssoftware dokumentieren**, damit Sie, falls der Ansprechpartner nicht anwesend ist, beim nächsten Kontaktversuch nicht wieder von vorne anfangen müssen!

Trainer Tipp: ***Viele Unternehmen stellen sich in der Rubrik "Wir über uns" als jung, aufgeschlossen und in jeder Hinsicht kommunikativ dar. Verhält sich der Ansprechpartner oder die Sekretärin vom Telefonempfang sehr***

abweisend, kann man leicht einen erstaunlichen Stimmungswechsel hervorrufen (bitte ausprobieren!), wenn man sich auf diese Selbstbeschreibung beruft ("Das überrascht mich jetzt, auf Ihrer Internetseite ist doch deutlich hervor gehoben, dass Kontakt mit Ihrem Unternehmen erwünscht ist. Sie beschreiben sich doch als aufgeschlossen und kommunikativ…").

6. Nehmen Sie am Telefon eine **aufrechte, aber dennoch bequeme Sitzhaltung** ein. Wenn Sie eine zu bequeme Sitzhaltung (insbesondere mit stark gebogenem Rücken) bevorzugen, klingt Ihre Stimme gepresst, was einen unsicheren und unruhigen Eindruck hervorrufen kann. Wenn Sie sich noch unsicher fühlen oder ein Headset nutzen, empfiehlt es sich, die ersten oder besonders wichtige Telefonate **stehend** zu führen. Durch die gerade **Wirbelsäule ist der Raumklang Ihrer Stimme am besten** und Sie wirken besonders souverän, auch weil Sie in Ihrer Gestik nicht eingeschränkt sind. Sicherlich ist Ihnen schon aufgefallen, dass kein Bundestagsabgeordneter seine Rede im Sitzen hält.

7. Eine ganz wichtige Regel, die für alle Gespräche mit Kunden gilt: **Führen Sie bitte niemals Kundentelefonate, wenn Sie sich verärgert, frustriert oder demotiviert fühlen.** Der Kunde kennt die Hintergründe eines durchaus auch berechtigten Ärgers auf Ihre Seite nicht und bezieht die Missstimmung auf sich oder hält Sie an seiner Meinung für uninteressiert.

Kapitel 2: Die erste Hürde: Die “Dame am Empfang“

Bereits am Anfang meiner Trainerlaufbahn war das Empfangssekretariat ein echtes Kontakthindernis, da aufgrund der Vielzahl der Werbeanliegen (derzeit bis zu 30 die Woche in den häufig frequentierten IT- und EDV-Abteilungen) in vielen Unternehmen **strikt festgelegt wurde, keine Werbeanrufe durch zu stellen**.

Ein Praxisbeispiel zu diesem Thema. In meinem ersten Jahr als Trainer war ich von der Lehrbuchempfehlung überzeugt, man müsse die Sekretärin für sich und das Anliegen gewinnen. Ich rief also bei einem Unternehmen an und fragte nach einem leitenden Angestellten in der Buchhaltung. Vorgestellt werden sollte eine Software, die durch interaktive Checklisten die Vorbereitungsarbeit in der Buchhaltung auf ein Drittel der Arbeitszeit reduziert. Auf die Frage der Sekretärin, worum es denn gehe, erklärte ich das Thema und den Nutzen ausführlich (ca. 90 Sekunden lang) mit der Bitte, in der Buchhaltung nach zu fragen, ob und in wie weit an einem solchen Konzept Interesse besteht. Nach höchstens drei Sekunden erhielt ich die Antwort, es bestehe kein Interesse. Etwas erstaunt über die Schnelligkeit der Rückantwort, habe ich nachgefragt, **was die Sekretärin denn ausgerichtet habe**. Ihre verblüffende Antwort: “Sie sind doch ein Verlag. Sie wollen uns doch sicher eine Zeitschrift verkaufen.“

An diesem Beispiel wird deutlich, wie gefährlich es ist, die Empfangsdame mit Ihrer Werbebotschaft alleine zu lassen, zumal es **ihr in der Regel völlig gleichgültig ist, ob Sie den gewünschten Ansprechpartner mit Ihrer Dienstleistung erreichen oder nicht.**

Diese Geschichte nahm übrigens noch ein gutes Ende. Bei einem erneuten Anruf ca. eine Woche später war eine Kollegin am Telefon, die ohne weiteres in die

Buchhaltung durchstellte. Der Ansprechpartner war von dem Thema restlos begeistert und hat die Software gleich am Telefon zur Ansicht bestellt. Seine Aussage war dahin gehend, dass er nach einer solchen Arbeitshilfe schon lange gesucht hat. Daraus lässt sich eine weitere wichtige Erkenntnis ziehen: **Die Sekretärin am Empfang kann in der Regel nicht beurteilen, welcher Bedarf in den Fachabteilungen besteht**, weil sie in die verschiedenen Themen nicht eingearbeitet ist. Deshalb ist es immer schade, wenn Sie Ihre Zielperson nicht erreichen, möglicherweise ist sie an einer Zusammenarbeit mit Ihnen sehr interessiert.

Ich weise auch noch einmal darauf hin, dass der Empfang in vielen Fällen die strikte Anweisung hat, bei Vertriebsanliegen auf die info@Adresse mit Bitte um schriftliche Vorstellung zu verweisen (stellt sie trotzdem in die Fachabteilung durch, hat sie oft mit erheblichen Schwierigkeiten zu rechnen). In meinen elf Jahren Trainertätigkeit ist mir allerdings kein Fall bekannt, wo bei dieser Vorgehensweise (Versendung von Unterlagen an die info@... Adresse) ein sinnvoller Geschäftskontakt entstanden wäre. Auch muss ich sagen, dass die Verhaltensweise, niemanden mehr durchzustellen, in Deutschland langsam paranoide Züge annimmt. Irgendwann werden sich große Unternehmen, die ein Produkt zusammen entwickeln wollen, nicht mehr verständigen können, weil die "Vorzimmerdrachen" nicht durchstellen wollen☺.

Man kann also sagen, dass Ihr telefonisches Anliegen akribisch auf **Schlüsselwörter überprüft wird, ob es sich bei Ihrem Anruf um ein Werbeanliegen handelt oder nicht.**

So lässt sich bei folgenden Formulierungen (bitte ab jetzt nicht mehr verwenden!) unschwer ein Werbeanliegen erkennen:

- “Es geht darum, Ihrem Unternehmen Zeit und Geld zu sparen“
- “Ich möchte ein neues Produkt vorstellen“
- “Es geht um unsere neue (…)“
- “Ich möchte unser Unternehmen vorstellen“
- “Es geht um eine Kooperationsanfrage aus unserem Haus“
- “Ich möchte Ihnen ein gutes Angebot machen“
- “Es geht um eine unverbindliche Beratung im Bereich (…)“
- “Es geht um ein Angebot, dass Sie nicht abschlagen können“
- “Ihr (…) Leiter wird begeistert sein“

Im Umkehrschluss lässt sich festhalten, dass Sie sehr viel eher in die gewünschte Abteilung verbunden werden, wenn es für die Empfangsdame nicht ohne weiteres erkennbar ist, ob Ihr Anruf werbenden Charakter hat oder nicht. **Hier bitte immer bei der Wahrheit bleiben und nicht flunkern!** Wenn Sie beispielweise den Namen des Ansprechpartners durch eine Recherche bei Xing ermitteln konnten und sich auf Nachfrage der Sekretärin dahingehend äußern, sie möchten den Vorgesetzten privat sprechen, werden Sie zwar mit großer Wahrscheinlichkeit durchgestellt, aber Sie haben beim Ansprechpartner das Problem, zu erklären, woher sie ihn privat kennen. Verärgerung und Misstrauen sind hier die Folge und die in Deutschland sowieso schon vorhandene Abwehrhaltung gegenüber Werbeanrufen steigt sofort sprungartig an.

Nach vielen Tests und Versuchen bin ich zu einer Lösung gekommen, die ebenso einfach wie effektiv ist. Statistisch gesehen kommt man damit von zehn Anrufen achtmal durch, ohne lang mit der Sekretärin diskutieren zu müssen.

Wir kleiden unser Anliegen in das Gewand einer höflichen (die Dame folgt auch nur Ihren Anweisungen und ist nicht Ihr persönlicher Gegner) **fachspezifischen oder technischen Anfrage**, die nur von der Fachabteilung beantwortet werden kann. Dazu folgendes Beispiel:

“Guten Tag mein Name ist Urban Schmitt von (...). Ihren Personal-Leiter, bitte...!

“Worum geht es denn, bitte?“

“Es geht um eine Detailfrage zu Ihren Personalkennzahlen. Wer ist denn bei Ihnen im Haus für das Thema zuständig?

Weitere Beispielformulierungen aus der Praxis:

- “Es geht um Ihre Rohrklassendefintion!“
- “Es geht um Ihre Remote Access Wartung!“
- “Es geht um seine Leasing Konditionen“
- “Es geht um ein mögliches gemeinsames Kunden-Projekt“

Bitte bleiben Sie auch hier immer bei der Wahrheit! **Verwenden Sie immer nur Begriffe, die Sie bei der Zielperson auch erklären können.** Bei geschulteren Sekretärinnen werden die Begriffe häufig notiert und eins zu eins an den eigentlichen Ansprechpartner weiter gegeben. Auch hier hilft uns diese Vorgehensweise, um schnell ins Gespräch zu kommen. Fragt die Zielperson nach dem Durchstellen nach, weshalb Sie ihn zum Thema (-Fachbegriff-) sprechen wollen, haben Sie eine elegante Möglichkeit, ins Gespräch einzusteigen.

Ansprechpartner:

“Sie wollten mich zum Thema (-Fachbegriff-) sprechen?“

“Frau/Herr(...), da sind wir gleich beim Thema. Unser Unternehmen ist Dienstleister in diesem Bereich und wir haben...“

Als besonders effizient hat sich folgende Variante dieser Methodik erwiesen:

“Guten Tag, mein Name ist Urban Schmitt von (...). Ihren (...) - Leiter, bitte...! **Wenn Sie ein Stichwort für ihn brauchen:** Es geht um seine (-Fachbegriff-). Wenn Sie mich bitte durchstellen...“

Sehen Sie, wie die Dame auf dem Bild jetzt lächelt☺.

In dieser Formulierungsvariante suggerieren Sie, dass Sie Ihr telefonisches Gegenüber **als Partner** und nicht als Gegner wahrnehmen. Sie unterstützen sie bei Ihrer (oft schwierigen) Aufgabe und ersparen ihr die auch für die Empfangsdame lästige Nachfrage nach dem konkreten Grund Ihres Anrufes.

Bei konsequenter Durchführung dieser Vorgehensweise lässt sich beobachten, dass etwa acht von zehn Sekretärinnen durchstellen, ohne das Gespräch weiter in die Länge zu ziehen. Was für mich an dieser Stelle immer ein unerklärliches Phänomen bleibt ist, warum diese Stelle häufig mit Personen besetzt ist, die sich besonders abweisend und sogar schnippisch verhalten. Hier ist der

Kollateralschaden erheblich, wenn Kunden dem Unternehmen einen Auftrag geben wollen.

Jetzt sind wir soweit, bei statistisch gesehen 80% unser "Gatekeeper" weiter zu kommen, ohne Konfrontation zu erzeugen. Aber auch das ist noch nicht befriedigend. Wenden wir uns also den letzten 20 % zu. Wieder ein typisches Szenario:

"Guten Tag mein Name ist Urban Schmitt von (...). Ihren (...) - Leiter, bitte...! **Wenn Sie ein Stichwort für ihn brauchen:** Es geht um seine (-Fachbegriff-). Wer ist denn bei Ihnen federführend für das Thema "EDV" zuständig?"

"Es tut mir leid, aber ohne Ansprechpartner kann ich Sie nicht durch stellen. Bitte reichen Sie Ihr Anliegen schriftlich ein. Unsere (Papierkorb) Adresse ist Info@...."

Bei dieser Form des Abwimmelns hat sich folgende Vorgehensweise bestens bewährt:

"Gerne schicke ich Ihnen unsere Firmenpräsentation zu, danke für den Hinweis. **Nur damit ich sie oder ihn höflicherweise korrekt anschreiben kann**, wie heißt denn der Ansprechpartner und wie ist seine Emailadresse?"

Hier wird es der Empfangsdame psychologisch schwer gemacht, abwimmelnd zu reagieren, da sie es ja schlechterdings nicht ablehnen kann, dass Sie sich ihrem Vorgesetzten gegenüber korrekt verhalten.

Oft wird der Ansprechpartner dann in diesem Zusammenhang genannt. Sie notieren sich den Namen, schicken bitte keinerlei Unterlagen zu und rufen eine Woche später erneut an und verlangen den Ansprechpartner mit Namen und der Fachbegriffs-Methode(s.o.).

Trainer Tipp: ***Haben Sie den Namen (bespielweise in Xing) bereits recherchiert, ist folgende Variante (nur für Selbstbewußte) höchst erfolgreich: "Guten Tag mein Name ist Urban Schmitt von (...).***
Ich s o l l Frau/Herrn (...) kontaktieren. Wenn Sie ein Stichwort brauchen, es geht um seine (...)". In der Regel wird hier kein Widerstand aufgebaut und man wir sofort durchgestellt. Ich habe auch nur ganz selten erlebt, dass ein Ansprechpartner daran Anstoß genommen hat bzw. nachgefragt hat, auf wessen Veranlassung sie ihn kontaktieren. Kommt es doch einmal vor, hilft folgende elegante und dialogfördernde Formulierung "Mein Vorgesetzter, Frau/Herr (...) aus der Abteilung (...) hat mich beauftragt, Sie zum Thema (...) zu kontaktieren(deshalb s o l l t e ich Sie anrufen). Wir sind Dienstleister im Bereich (...)...

Bitte nie die Formulierung "Frau/Herr(...) wartet auf meinen Rückruf" verwenden. Hier verlassen wir den Wahrheits- und Fairness-Bereich und Konflikte, die es bei der Kaltakquise um jeden Preis zu vermeiden gilt, sind vorprogrammiert.

Ich glaube, das Thema "Empfangssekretariat" wird Ihnen in Zukunft keine Schwierigkeiten mehr bereiten und Ihnen das Leben nicht mehr schwer machen. Statistisch gesehen werden Sie jetzt in 90% aller Fälle problemlos durch gestellt.

Noch ein wichtiger Hinweis: Die hier beschriebenen Methoden finden **nur beim Empfang** Anwendung, die die Hauptfunktion hat, Telefonate weiter zu leiten oder auch nicht. Sekretärinnen der Chefetage oder der Abteilungsleiter müssen wie der Ansprechpartner selbst behandelt und das Anliegen in Form der im nächsten Kapitel beschriebenen Vorgehensweise vorgetragen werden. Sie müssen für Ihr Anliegen in jedem Fall gewonnen werden.

Kapitel 3: Wie erwecken Sie das Interesse bei Ihrem Wunschkunden?

Endlich bei unserer Zielperson angelangt, muss die weitere Vorgehensweise gut überlegt sein.

Hier ist es wichtig, sich zunächst einmal vor Augen zu halten, in welcher Situation wir den Kunden in der Regel vorfinden und warum ein Großteil der Gesprächspartner eher kurz angebunden oder mit Ablehnung reagiert. Hier sollen ein paar Grundfaktoren dargestellt werden, auf die wir uns taktisch einstellen müssen:

- Stress und Arbeitsbelastung (der Anruf ist immer eine störende Unterbrechung)
- Werbeanrufe waren in Deutschland noch nie wirklich beliebt (Mentalitätskonflikt)
- "Man will mir nur wieder etwas verkaufen"
- "Hoffentlich kein Callcenter (sind oft schlecht vorbereitet und stören)"
- "Telefonische Anfragen bringen *mir* in der Regel keinen großen Nutzen"
- Wenn ich Interesse signalisiere, werde ich mit Werbematerial- und weiteren Anrufen bombardiert…
- "Solche Anrufe bekomme ich jeden Tag"
- "Ich brauche keine Akquisetelefonate, wenn ich etwas brauche, kümmere ich mich selbst darum…"

Nach einer aktuellen Zahl liegt das Werbecall-Aufkommen gerade im sehr frequentierten Bereich der IT Abteilungen bei bis zu 30 Anrufen die Woche, die meist ähnlich aufgebaut sind und einen geringen Informations- oder Unterhaltungswert haben.

Meist wird das Unternehmen kurz vorgestellt ("Wir sind Hersteller/Dienstleister im Bereich (…)") und dann gefragt, ob der Kunde an dieser Dienstleistung/Produkt Interesse hat oder wie es für ihn klingt. Bei dieser sehr einfallslosen Vorgehensweise ist es kein Wunder, wenn sich der Telefonberater bereits nach wenigen Sekunden ein "Nein" einfängt.

Auch die Nachfrage "Aus welchen Gründen haben Sie kein Interesse?" wirkt hilflos und führt selten zu einer konstruktiven Fortsetzung des Gesprächs. **Daraus folgt, dass das "Nein" am Telefon unter jeden Umständen vermieden werden muss,** denn das "Nein" hat an dieser Stelle des Gesprächs eine doppelte kommunikative Aussage:

1) Nein = ich habe kein Interesse an einer Zusammenarbeit
2) Nein = Ich möchte jetzt das Gespräch beenden und mich nicht dafür rechtfertigen müssen, warum ich nicht interessiert bin

Die Erfahrung zeigt, dass ein anfangs geäußertes "Nein" nicht mehr aus dem Gespräch zu eliminieren ist.

Bevor wir uns näher mit meiner 20 Sekunden Erfolgsmethode beschäftigen, noch ein kurzes Exkurs:

In einem Lehrbuch zum Thema "Telesales" bin ich einmal auf folgende Anleitung für den telefonischen Erstkontakt gestoßen. Überlegen Sie sich einmal selber, bevor Sie weiterlesen, welche Fehler hier gemacht werden:

"Guten Tag, mein Name ist (…) von der <u>Firma</u> (…).
Haben Sie einen Moment Zeit für mich? Ich möchte mich Ihnen heute als Ansprechpartner für das Thema (…) vorstellen. Die Firma (…) ist ein sehr erfolgreicher Anbieter im Bereich (…).

Kennen Sie die Firma (...) schon?
Haben Sie an diesem Thema Interesse?
Was setzen Sie denn in diesem Bereich derzeit ein?
Kann ich Ihnen dazu schriftliches Informationsmaterial
zukommen lassen?“

Was ist hier verbesserungsfähig?

Der Begriff **“ F i r m a“** klingt nach einem Kleinunternehmer (bitte so nicht vorstellen, wirkt altbacken und bieder) und nicht nach einem innovativen, leistungsstarken Partner.

“Haben Sie einen Moment Zeit für mich?“

Dabei handelt sich um eine **dialogverhindernde geschlossene Frage**(also eine Frage, die nur mit “Ja“ oder “Nein“ beantwortet werden kann) die ebenfalls schnell zu einem “Nein“ oder zu der Aussage führen kann, “Zeit habe ich nicht, aber sagen Sie mir einmal in einem Satz, worum es geht“. In beiden Fällen haben Sie keine Gelegenheit, Ihr Anliegen sinnvoll zu präsentieren, Sie werden mehr oder weniger einfach abgewürgt. Außerdem hinterlassen Sie mit dieser Frage einen wenig selbstbewussten Eindruck und vermitteln eigene Zweifel, ob es sich für Ihren Wunschkunden lohnt, sich für Sie Zeit zu nehmen.

Telefonieren Sie bitte stets in dem Bewusstsein, dass Ihr Produkt oder Ihre Dienstleistung dem Gegenüber immer einen Nutzen bringt, so dass es seine Zeit mit Ihnen am Telefon optimal verbringt und einen interessanten Vorschlag hört.

“Ich möchte mich Ihnen heute......“

Dabei handelt es sich um eine gefährliche so genannte Ich-Botschaft. Wichtig ist aber für einen Kunden gerade am Anfang des Gesprächs, welchen konkreten Nutzen **er** aus dem Anruf ziehen kann. Ihre Bedürfnisse sind dabei zunächst völlig zweitrangig. Gedanklich reagiert der Kunden darauf oft mit einem innerlichen "Ich möchte das eigentlich nicht".

Die Firma (...) ist ein sehr erfolgreicher Anbieter im Bereich (...).

Diese Formulierung ist eine verdeckte "Ich-Botschaft". Hier wird sich wieder auf die Ich-Seite(mein Unternehmen) bezogen. Wieder wird missachtet, dass sich 99% aller Menschen **stark vorteilsbezogen** verhalten (Freibier-Syndrom). Allenfalls kann für Ihren Gesprächspartner interessant sein, wie **er** noch erfolgreicher wird.

"Kennen Sie unser Unternehmen schon?"

Eine weitere unglückliche und schwerfällige geschlossene Fragestellung, die seit Jahren durch die Telefonhörer geistert, strategisch aber keine Vorteile bringt. Wenn Ihr Wunschkunde Ihr Unternehmen nicht kennt, haben Sie ihn mit dieser Frage schon einmal dezent darauf hingewiesen, dass Ihr Marketing Optimierungsbedarf hat. Kennt er dagegen Ihren Brötchengeber schon, dann können Sie nur sehr schwer einschätzen, ob er einen positiven oder negativen Eindruck gewonnen hat. Sie merken sicher schon, auch diese Frage (häufig empfohlen), entspricht in keiner Weise dem Vorteilsbedürfnis unseres Kunden.

"Haben Sie an diesem Thema Interesse?"

Hier wird geradezu um das "Nein" gebettelt (vgl. auch oben)!

Welche Vorgehensweise ist nun die Richtige? Ganz einfach: Die Vorteilsorientierte. Mit der folgenden Abbildung stelle ich den gedanklichen Weg dar, den ich selbst beschreite, wenn ich für meine Kunden oder Mitarbeiter Einstiegskonzepte entwickle.

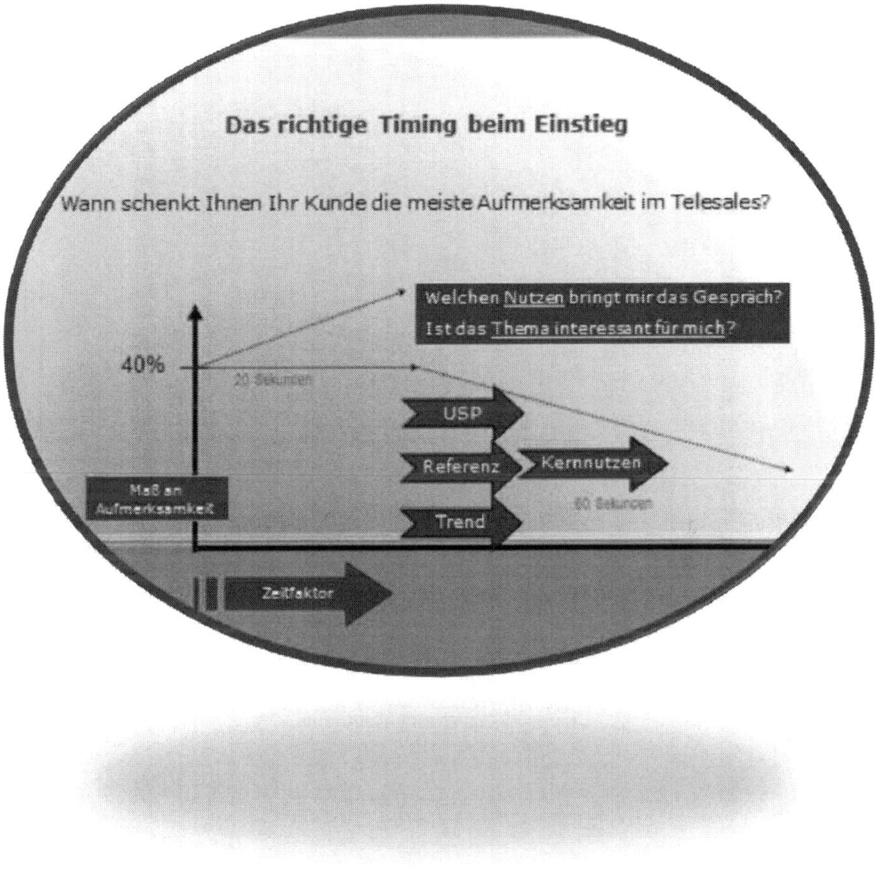

Eigene Analysen zu dem Thema haben ergeben, dass Sie, nachdem der Kunde den Hörer abgenommen hat, exakt 20 Sekunden Zeit haben, um ihm folgende Frage zu beantworten: *Was bringt dieses Telefongespräch mir persönlich(1) oder meinem Unternehmen(2)?*

Dabei liegt die **anfängliche Aufmerksamkeit** bei gerade mal **40%**, denn Ihr Gegenüber ist mit seiner Arbeit beschäftigt und wird in seiner Konzentration gestört. Er braucht einige Sekunden, um sich auf Sie und Ihr Thema einstellen zu können. Daraus folgt, dass alle Einstiegsinhalte klar verständlich sein müssen. **Jedes Nichtverstehen des Kunden führt zu Desinteresse und geht zu Ihren Lasten (und führt in der Regel zu einem schnellen Ausstieg).**

Ein Beispiel dazu aus der Praxis. In meiner Projektarbeit als angestellter Trainer hatte sich ca. vor zehn Jahren ein Kunde vorgestellt, der im Markt sinngemäß ein "Ranking System mit konfigurierbarem Spider" platzieren wollte und später auch hat.

Bevor ich als Trainer konsultiert wurde, waren zahlreiche Post- und Mailingaktionen voraus gegangen. Meine Aufgabe war es, die auf diese Weise informierten Kunden zu kontaktieren und Termine für den Außendienst zu vereinbaren. Jedes Telefonat endete mit einem mehr oder weniger höflichen "kein Interesse an einem Ranking System mit konfigurierbarem Spider". Beim fünften Gespräch änderte ich die Taktik, bat den Kunden, die E-Mail mit mir zusammen zu öffnen und mir kurz zu sagen, warum daran kein Interesse besteht. Seine Reaktion war für meinen weiteren Berufsweg als Trainer wegweisend. Er fragte mich, was denn ein "Ranking System mit konfigurierbarem Spider" sei. Als ich es ihm ohne "Denglisch Begriffe" erklärte, war er sofort sehr interessiert und hat mit mir im selben Gespräch einen Termin vereinbart. Es handelte sich dabei um eine Volltextsuche (damals eine Entwicklungsneuheit), die auf die Firmeninternetseiten aufprogrammiert wurde und dem Kunden beispielsweise die Produkt- oder Zubehörsuche stark erleichtert hat.

Welche Inhalte und Themen können wir in 20 Sekunden transportieren? Dazu zwei meiner erfolgreichsten Gesprächseinstiege, die die Quote von ca. 14% an Terminen, die Top-Profis in der Kaltakquise in der Regel erreichen, bereits vom ersten Tag an deutlich übertroffen haben.

“Durch unsere neue Belegverarbeitung – Bankbelege werden mit einer Trefferquote von 97% vorgescannt – konnten wir der regionalen (Mitbewerber) Bank im letzten halben Jahr ca. 6000 Überstunden einsparen.

Dialogfrage – bitte ohne Sprechpause stellen:
In welchem Bereich könnten Sie die dadurch eingesparte Manpower strategisch am besten einsetzen?“

“Wir haben eine neue Emailarchivierungslösung auf den Markt gebracht, die so sicher ist, dass sie sogar vom Pentagon in den Vereinigten Staaten genutzt wird und dennoch für einen mittelstandsfreundlichen Preis angeboten wird.

Dialogfrage – bitte ohne Sprechpause stellen:
Welche Anforderungen müssen wir aus Ihrer Sicht erfüllen, um Ihr künftiger Partner beim Thema “Emailarchivierung“ zu werden?“

Beide Beispiele lassen das dahinter liegende Grundschema deutlich erkennen: der Aufhänger für das Gespräch ist in beiden Fällen kurz aber dennoch klar definiert:

- Beispiel 1: Einsparen von vielen Überstunden mit konkretem Zahlenbeispiel (In Deutschland kommen Zahlen, Fakten, Daten immer gut an, die "Stiftung Warentest" ist ein guter Beleg für die Aufgeschlossenheit unserer Landsleute für diese Art der Darstellung). Durch die konkreten Zahlen wirkt der Anrufer kompetent, er hat sich mit dem Mitbewerber und dem Projektablauf beschäftigt. Ein weiterer Vorteil dieser Argumentation: Die Professionalität und Zuverlässigkeit meiner Produkte oder meiner Dienstleistungen wird durch die Nennung des Referenzkunden ins Gespräch gebracht, Eigenlob für mich und mein Unternehmen ("Wir halten, was andere nur versprechen") ist damit überflüssig. Ein dritter entscheidender Vorteil dieser Vorgehensweise: Der Referenzeinstieg gibt Ihnen einen sehr festen Stand im Gespräch. Reagiert der Kunde nämlich trotzdem abwehrend, kann ich elegant reflektieren (siehe dazu auch später beim Thema "Einwandbehandlung"): **"Wenn wir der (Referenz) Bank 6000 Überstunden in nur einem Jahr einsparen konnten, warum glauben Sie, sollte das bei Ihnen nicht möglich sein? "**

Dabei gilt: Je besser das Referenzbeispiel zu Ihren anvisierten Kunden passt, desto länger und interessanter werden die Gespräche verlaufen.

- Beispiel 2: Kunde erhält die Möglichkeit, zu einem mittelstandsfreundlichen Preis Profi-Know How zu erhalten, dass bisher nur großen und finanzkräftigen Unternehmen zugänglich ist; damit kann er das Sicherheitsniveau der Server und Rechner erhöhen und seinen Job noch professioneller machen, was seiner Karriere sicher nicht schadet.

Vergleichen kann man diese Art des Einstiegs am besten mit einem **Kinotrailer:** Aus dem fertigen Film werden einige Höhepunkte gezeigt, um den Kinobesucher zu motivieren, sich auch den nächsten Film, der in diesem Kino gezeigt wird, anzusehen. Auch wird die Hauptfigur (im Vertrieb Ihr Unternehmen) in der Regel vorgestellt. Ein besonders gelungenes Beispiel aus Hollywood ist der Trailer zum ersten Indiana Jones Film "Jäger des verlorenen Schatzes" (ist bei YouTube eingestellt). Achten Sie einmal darauf, wie die damals noch unbekannte Hauptfigur vorgestellt und das Interesse des Zuschauers erweckt wird.

Das Wichtigste an Ihrem Gesprächseinstieg ist wie beim Trailer der **Überraschungsfaktor**. Nichts ist demotivierender, als einem Gesprächspartner ausgeliefert zu sein, den man absolut langweilig findet. **Langeweile entsteht in erster Linie durch Wiederholung**, d.h. der fünfte Anrufer am Tag, der einen damit locken möchte, Zeit und Geld zu sparen (ohne wenigstens kurz zu skizzieren, durch welche Vorgehensweise wie viel Geld und in welchem Zeitraum gespart werden kann), wird entsprechend schnell aus dem Gespräch verabschiedet.

Aus dem eben Gesagten ergibt sich folgende Erfolgsformel:

Ein Unternehmen (A) setzt unser Produkt (B) bereits über einen Zeitraum (Z) ein und hat damit in folgender Weise und im Umfang (U) profitiert.

Noch einmal zur Klarstellung: Nach wie vor sind "Kosteneinsparungen", "Neukundengewinnung" oder "Umsatzsteigerung" zentrale Nutzenbeispiele. Wichtig ist dabei immer kurz zu erläutern, **durch welche konkrete Vorgehensweise** dieser Nutzen erreicht wird.

Sollten Sie in einem Marktumfeld keinen bekannten Referenzkunden haben, hilft auch eine so genannte Branchenreferenz:

Die Dienstleitung (D) hat sich gerade in Ihrer Branche bestens bewährt. Unsere Kunden bestätigen den Ansatz, dass sich mit (D) der Nutzen (N) mit der Vorgehensweise (V) im Zeitraum (Z) erzielen lässt.

Auch bei einem Startup lässt sich die Erfolgsformel leicht abgewandelt einsetzen. Entweder Sie ziehen Ihre persönliche Berufserfahrung nach vorne oder Sie argumentieren mit Ihrer Erwartungshaltung dem Markt gegenüber.

Vor meiner Zeit bei (…) habe ich im Rahmen eines Projekts den Kunden (K) betreut, der durch meine Vorgehensweise (V) den Nutzen (N) im Zeitraum (Z) erzielen konnte.

oder

Das Produkt/Dienstleistung wurde in der Erwartungshaltung entwickelt, dass unsere Kunden (K) den Nutzen (N) durch folgende Eigenschaften (E) im Zeitraum (Z) erzielen.

Um Ihnen noch einige Denkanstöße zu geben, anbei die erfolgreichsten Aufhänger für die Kaltakquise in der **Argumentationspyramide**:

Am besten ist der so genannte **"Selbst erlebt"** Aufhänger: Ich selbst habe einem dem Kunden bekannten regionalen Unternehmen (U) das Produkt (P)

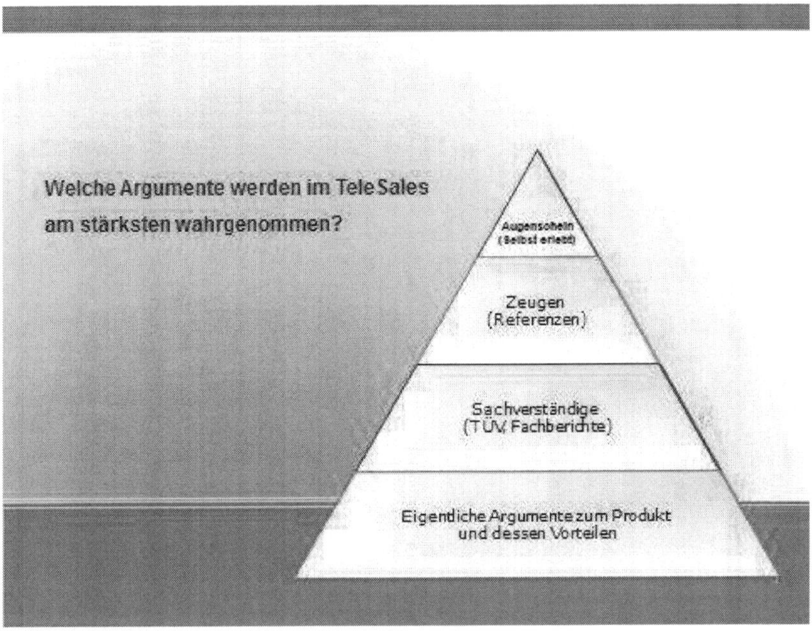

installiert, bereits nach kurzem Zeitraum (Z) hat der Kunde den konkreten Nutzen (N) für sein Unternehmen umsetzen können.

Dieses so genannte "Augenscheinargument" belegt am eindringlichsten Ihre Kompetenz und erzeugt natürlich **Neugier, mit welchem Partner der regionale Mitbewerber zusammen arbeitet und welche Produkte/Dienstleistungen er nutzt.** Hier ist auch der Merkeffekt am größten, wenn Sie den Ansprechpartner später bei einem Termin oder einer Roadshow später persönlich kennen lernen.

Fast genauso gut lässt sich das Interesse Ihres Wunschkunden mit dem Referenzaufhänger belegen.

Die Methode ist auf Seite 27 ff. in allen Argumentationsvarianten ausführlich dargestellt.

Auch ein guter Gesprächsaufhänger oder ein Argumentationsverstärker ist **das Zitieren von Sachverständigen ("TÜV geprüft", "ISO zertifiziert", etc.)**. Hier wird die neutrale dritte Autorität genutzt, um die Qualitätsorientierung Ihrer Arbeit darzustellen. Diese Methode ist dann ganz besonders effizient, wenn Ihr Unternehmen eine technische Norm erfüllt, die nicht jeder so einfach erreichen kann (z.B. Gold Partner von Microsoft).

Erst an letzter Stelle kommt Ihr Produkt oder Ihre Dienstleistung für den Gesprächseinstieg in Betracht. Produkteigenschaften erzeugen in der Regel nur dann Interesse, wenn sie ein **echtes Alleinstellungsmerkmal** haben, z.B. bei einer Neuentwicklung, die auf dem breiten Markt noch nicht erhältlich ist.

Trainer Tipp: Wenn Sie im Rahmen der 20 Sekunden Theorie mit einer Umsatzsteigerung argumentieren, habe ich mit der Formulierung "entgegen jeden Branchentrends" ausgezeichnete Erfahrungen gemacht. Ein Beispiel: "Durch unser Marketingkonzept ist es uns beim Unternehmen (U) in nur drei Monaten gelungen, den Getränkeabvekauf um ca. 30% zu steigern. Und das entgegen jedem Branchentrend...."

Bitte erstellen Sie jetzt Ihren Gesprächseinstieg nach der 20 Sekunden Methode!

Trainer Tipp: Stimmen Sie sich diesbezüglich genau mit dem Marketing oder der Geschäftsleitung ab, welchen Aufhänger Sie verwenden wollen. Auch ist es zwingend notwendig, den Außendienst über die Zielrichtung Ihres Einstiegs zu informieren. Da wir mit unserem 20 Sekunden Einstieg das Interesse des Kunden an einem Termin oder einer Webpräsentation erweckt haben, kommt es häufig vor, dass der Kunde sich auch im weiteren Kontakt auf diesen Kurzeinstieg bezieht ("Erklären Sie mir doch einmal, wie Sie es geschafft haben, beim Unternehmen (U), die Produktentwicklungskosten derart zu reduzieren!")

Trainer Tipp: Wenn Sie mit Ihrem Anliegen auf die Abteilungs- oder Chefsekretärin stoßen, ist diese genau wie der Ansprechpartner zu behandeln (die Fachbegriff-Methode kommt hier nicht zur Anwendung). Nur wenn Sie mit Ihrem Anliegen bei ihr auf Interesse stoßen, wird sie es Ihrem Vorgesetzten weiter leiten. Arbeiten Sie auch hier mit der 20 Sekunden Methode verbunden mit der Bitte um Hilfe, wie denn aus Ihrer Sicht die beste Vorgehensweise ist, dem Vorgesetzten das Thema zu unterbreiten bzw. wann ein kurzer Expertenanruf erfolgen kann, mit dem Ziel, darzustellen, in welcher Weise der Nutzen für den Referenzkunden erzielt werden konnte.

Kapitel 4: Im Dialog mit Ihrem Wunschkunden

Nach dem Gesprächseinstieg nach der im letzten Kapitel beschriebenen 20 Sekunden Methode ist die Aufmerksamkeit Ihres Gesprächspartners in der Regel von 40 **auf ca. 80 %** gestiegen (vgl. Abbildung Seite 25), d.h. Sie haben Interesse erweckt. Wie gehen wir weiter vor? So früh wie möglich ist es jetzt wichtig, den Gesprächspartner mit ein zu beziehen und etwas über seine Situation zu erfahren. Bitte Ihr Gespräch auf keinen Fall mit einer geschlossenen Frage("Habe ich Ihr Interesse wecken können?" "Klingt das interessant für Sie?") oder mit dem Ausfragen des Kunden ("Was setzen Sie denn in diesem Bereich ein?") weiter führen. So wichtig es ist, viel über die bereits vorhandene Ausstattung des Kunden zu erfahren, um ein später ein exakt auf seine Bedürfnisse zugeschnittenes Angebot zu machen, dafür ist es noch zu früh.

Der Kunde muss zunächst einmal **Vertrauen zu Ihnen** fassen, bevor er sich (ausführlich) über Firmeninterna auslässt. Wird Ihr Gesprächspartner zu früh nach den bereits eingesetzten Lösungen gefragt, reagiert er oft mit einem stimmungsmäßigen "Was geht Sie denn das an? reagieren. Trotz der Höchstwahrscheinlichkeit ablehnender Reaktionen wird diese Frage immer wieder am Gesprächsanfang gestellt(scheinbar ist sie in einem Lehrbuch oder bei Verkaufsseminaren empfohlen worden). Bedenken Sie bitte, dass auch eine an sich richtige Vorgehensweise zu nerven beginnt, wenn häufig in der gleichen Weise verfahren wird.
Die gewünschten Informationen über Ihren Kunden lassen sich an einer anderen Stelle des Gesprächs wesentlich leichter einholen (dazu später), denn es gibt eine bestimmte Gesprächsphase, in der Ihr Kunde sehr auskunftsbereit ist.

Die erfolgreichste Dialogfrage ist die von mir entwickelte **Kriterien Frage**. Sie lautet in der Grundversion:

Welche Kriterien müssen wir denn als Unternehmen erfüllen, um Ihnen bei einer Präsentation vor Ort einmal aufzuzeigen, wie wir geschafft haben, den Erfolg (E) bei unserem Referenzkunden (K) zu erzielen?

Mit dieser Frage wird zunächst einmal das Abwehrverhalten unseres Gesprächspartners deutlich reduziert, weil er nicht gezwungen wird, bereits Details von seiner Arbeitsweise preis zu geben oder schon eine (Vor)Entscheidung zu treffen, ob er Ihr Produkt oder Ihre Dienstleitung später kaufen möchte oder nicht.

Wichtig ist dabei, nicht nach Kriterien für einen späteren Geschäftsabschluss zu fragen, sondern nach **Kriterien für den nächsten Schritt**, den Sie üblicherweise bei Interesse mit Ihren Kunden gehen.

Folgende Formulierungsvarianten kommen also in Betracht:

"Welche Kriterien müssen wir denn erfüllen, dass wir Ihnen bei einem Termin vor Ort…?"

"Welche Kriterien müssen wir denn erfüllen, damit wir Ihnen bei einem Expertentelefonat…?"

"Welche Kriterien müssen wir denn erfüllen, damit Sie an unserer nächsten Roadshow teilnehmen?"

“Welche Kriterien müssen wir denn erfüllen, damit Sie unsere nächste Hausmesse besuchen...?“

“Welche Kriterien muss denn ein Software-Update erfüllen, dass Sie auf die nächsthöhere Version umsteigen?“

“Welche Kriterien müssen wird denn erfüllen, dass Sie über einen Wechsel des Anbieters nachdenken?

Sie sehen, diese Frage ist extrem variabel und es macht sprachlogisch keinen Sinn, sie mit “nein“ zu beantworten. Die Frage wirkt höflich und zugleich interessiert und wenn Ihr Kunde Kriterien nennt, mit denen Sie arbeiten können, hat er hinterher meist den Eindruck einer guten Beratung, denn Sie gehen ja nur auf Dinge ein, die er als für ihn entscheidend vorgegeben hat.

Trainer Tipp: Führen Sie Gespräche nur mit Ansprechpartnern, die eine Kommunikation auch zulassen: Wenn Ihr Gegenüber Ihnen nach jedem Halbsatz genervt ins Wort fällt und klar macht, dass er an diesem Gespräch kein Interesse hat, beenden Sie das Gespräch so schnell und so höflich wie möglich und “sparen sich die Spucke“ für die nächsten Telefonate. Hier ist auch jede Form der Einwandbehandlung sinnlos, weil Kommunikation nur möglich ist, wenn sie von beiden Seiten zugelassen wird.

Nun kommt es bei dieser Vorgehensweise öfter vor, dass der Kunde wie folgt reagiert:

“Tja, so auf die Schnelle fallen mir gar keine Kriterien ein....“

Dann haben Sie es noch leichter, sie führen einfach Punkte auf, **in denen Ihr Unternehmen besonders erfahren ist**.
Beispiele:

“Wie wichtig ist es Ihnen, dass unsere Lackiererei Ihre Aufträge auch sehr kurzfristig an nehmen kann?“

“Wie wichtig ist Ihnen, dass eine Virenschutzsoftware den Serverbetrieb nicht verlangsamt?“

“Wie wichtig ist Ihnen, Ausfallzeiten Ihrer Fräsanlage zu reduzieren?“

“Wie viele Mitarbeiter bei Ihnen müssen ständig online sein?“

Auch hier bitte immer **dialogfördernde offene Fragen** stellen

Ein weiterer Vorteil dieser Vorgehensweise liegt darin, **dass Sie die vom Kunden genannten Kriterien an Ihren Außendienst weiter geben können**, der sich dann besonders gut auf den Termin vorbereiten kann. Er kann die vom Kunden genannten Kriterien für den Präsentationseinstieg verwenden und etwa wie folgt beginnen: “Sie hatten sich ja bei meinem Kollegen am Telefon dahingehend geäußert, dass für Sie A,B, und C besonders wichtige Kriterien sind. “ Ich nenne das einen **Argumentationstransport**.

Kapitel 5: aktives Zuhören

Das aktive Zuhören ist eine ausgezeichnete Technik im 1:1 Gespräch, Ihren Wunschkunden dazu zu motivieren, Ihnen die für Ihr Angebot benötigten Informationen zu geben und sich zu seinen Wunschvorstellungen von Ihrer künftigen Partnerschaft ausführlich zu äußern. Das aktive Zuhören funktioniert besonders gut in Kombination mit der Kriterienfrage. Es kommt ursprünglich aus der Psychotherapie, in der es für den Patienten darum geht, sich zu öffnen und sich zu seelischen Problemen oder traumatisierenden Erlebnissen zu äußern.

Das aktive Zuhören schafft eine angenehme und lockere Gesprächsathmosphäre und kann Ihrem künftigen Partner zu einer optimistischen, lösungsorientierten Betrachtungsweise verhelfen.

Das wirksamste Element des aktiven Zuhörens ist das so genannte **Paraphrasieren, d.h. Sie wiederholen das von Ihrem Kunden Gesagte in eigenen Worten, ohne es zu werten oder in Frage zu stellen oder gleich ein Angebot zu machen.** Ganz wichtig ist für das aktive Zuhören, Ihren Gesprächspartner unbedingt **ausreden** zu lassen. Ihren Kunden zu unterbrechen, signalisiert Ich-Bezogenheit und Desinteresse.

Beispiele:

“Wenn ich Sie richtig verstanden habe, kommt es Ihnen auf eine langfristige Betreuung Ihrer IT an…“

“Wenn ich Sie richtig verstehe, wünschen Sie einen persönlichen Ansprechpartner für den Support und möchten nicht mit einer Hotline und wechselnden Ansprechpartnern kommunizieren…“

“Ich kann also davon ausgehen, dass ein Partnerwechsel für Sie in Frage kommt, wenn Sie für die Software Updates erheblich weniger bezahlen müssen“

Negativbeispiel:

“Wenn ich Sie richtig verstanden habe, haben Sie derzeit Bedarf an erfahrenen Telefonverkäufern. Da kann ich Ihnen gleich einige interessante Profile zusenden…“

Noch einmal: Das aktive Zuhören dient **nicht der Angebotsunterbreitung**, sondern soll den Kunden dazu ermutigen, etwas über sich, seine Arbeitsweise oder sein Unternehmen mitzuteilen.

Für das aktive Zuhören gibt es eine ausgezeichnete Übung für jeweils drei Personen, die wie folgt abläuft: 2 Personen sitzen sich gegenüber. Eine der beiden Personen spricht ca. 2 bis 5 Minuten darüber, was er bei seinem letzten Urlaub Tolles erlebt hat oder welche schlechten Erfahrungen dabei gemacht wurden (bitte die zwei Alternativen zur Wahl stellen). Die dritte Person dient als stiller Beobachter und als Jury. Sie soll bewerten, ob **wirklich nur aktiv zugehört** wurde oder der “aktive Zuhörer“ bereits wertet oder Lösungen anbietet.

Die Person, die über ihre Erfahrungen berichten soll, beginnt zu erzählen. Der “aktive Zuhörer“ motiviert sein Gegenüber durch Paraphrasieren (Wiederholung des Inhalts mit eigenen Worten), mehr über das Thema zu erzählen.

Nach 2 bis 5 Minuten wird das Gespräch von der “Jury“ unterbrochen und bewertet, welche Position der “aktive Zuhörer“ im Gespräch jeweils eingenommen hat. Hat er zugehört oder bereits eine eigene Position im Gespräch eingenommen? Hatten Sie als "Jury" den Eindruck, der aktiv Zuhörende hat sich wirklich für sein Gegenüber interessiert oder die Ausführungen des Gesprächspartners nur mehr oder weniger geduldig abgewartet, um seinen eigenen Standpunkt anzubringen? Für jede Wertung oder Beeinflussung des Gegenübers gibt es einen Minuspunkt, so dass Sie die eigenen Fortschritte dokumentieren können.

Wiederholen Sie die Übung anfangs einmal die Woche, bis Sie praktisch wie von selbst paraphrasieren.

Ein Hinweis dazu: Es ist am Anfang nicht einfach, sich mit Wertungen oder schnellen Lösungsvorschlägen zurückzuhalten und sich selbst zurückzunehmen. Mit ein wenig Übung gelingt es problemlos, mit dieser Methode zu qualifizierten Informationen zu kommen und einen echten Dialog zu führen. **Der Kunde wird sich beraten fühlen** und nicht den Eindruck haben, Sie hätten ihm etwas aufgedrängt.

Kapitel 6: Strategien zum qualifizierten Termin (Das "Verkaufsshow" Argument)

Bei den meisten Akquisetelefonaten geht es ja darum, einen weiteren Kontakt mit dem Kunden zu vereinbaren. Das kann sein:

- Ein Präsentationstermin bei Ihrem Ansprechpartner
- Die Durchführung einer Internetpräsentation, eines so genannten Webinars
- Die Einladung zu einer Hausmesse
- Die Einladung zu einer so genannten Roadshow
- Ein Expertentelefonat
- Ein Termin auf einer der großen Ausstellungsmessen

Im Folgenden beziehe ich mich der Einfachheit nur auf den konkreten Vororttermin bei Ihrem neuen Kunden. Die hier beschriebenen Strategien sind jedoch genauso auch auf die anderen Kontaktvereinbarungen anwendbar.

Zunächst stellt sich die Frage, warum Neukunden so ungern Termine vereinbaren und in der Regel allenfalls Unterlagen für die "Ablage P" anfordern.

Zunächst einmal sind die meisten Menschen heutzutage sehr in Ihre Arbeit eingebunden. Die Zeitpläne sind straff und für Zusätzliches muss Zeit gefunden werden. Dazu kommt, dass die meisten Präsentationen mehr oder weniger nach einem Standardschema ablaufen, dass wie folgt aussieht (wir gehen vom üblichen Zeitrahmen von etwa einer Stunde aus):

- Aufbau der Präsentationsmittel (Laptop, Beamer), findet meist vor der eigentlichen Präsentation statt, Verkäufer entweder betont locker (mit Poloshirt) oder im (grauen) Anzug

- Folienvorschau (wird das Standard Präsentationsmedium "Power Point" geöffnet, erhascht der Kunde meist einen Blick auf die Gesamtseitenzahl der Präsentation. Wenn diese Seitenzahl über "7-8" hinausgeht, entsteht schon ein erstes Unbehagen ("Hoffentlich zeigt er nicht alle Folien!")

- Vorstellung des Unternehmens (in der Regel 20-25 Minuten), Aufmerksamkeit des Kunden liegt bei noch ca. 85% (schließlich hat er Sie zu der Präsentation eingeladen, einen Raum organisiert und den Termin in der Regel bei seinem Vorgesetzten angemeldet). Der Unterhaltungswert dieses Teils der Präsentation (**Verkaufserfolg hat mit "Entertainment" zu tun**) für den Kunden ist in der Regel sehr gering. Er möchte einen fachlichen Nutzen vermittelt bekommen und sich nicht bei Ihrem Unternehmen bewerben. Studien zum Konzentrationsverhalten Erwachsener belegen, dass der erste Aufmerksamkeitsknick nach ca. 20 Minuten Monolog entsteht, die Aufmerksamkeit sinkt dann auf ca. 18%.

Trainer Tipp:

Halten sie diesen Teil der Präsentation bitte kurz und thematisieren Sie Ihr Unternehmen, seine Entstehung und Umsatzentwicklung eher am Ende der Darstellung. Verwenden Sie die 85% Anfangsaufmerksamkeit lieber für den fachlichen Nutzen, den Sie vermitteln möchten!

- Serviceversprechungen 5 bis 10 Minuten ("Bei uns ist der Kundenservice noch großgeschrieben", "Wir sind erst zufrieden, wenn es auch unser Kunde ist", etc.). Auch hier ist der Unterhaltungswert für den Kunden minimal, denn 90% der Präsentatoren erzählen an dieser Stelle das exakt Gleiche.

An dieser Stelle sind bereits 30 Minuten vergangen, ohne das sich für den Kunden ein sichtbarer Nutzen dieses Termins darstellt. Seine Aufmerksamkeit ist jetzt auf dem Tiefpunkt. Er schaltet jetzt in der Regel sogar ganz ab.

Jetzt folgt meist ein kurzer Abriss des eigentlichen Produkts (ca. 10 bis 15 Minuten) in einer meist sehr allgemein gehaltenen Nutzenbeschreibung, was daher kommt, dass viele Termine von vorrangig vertrieblich geschulten Mitarbeitern wahrgenommen werden, die technisch nicht so tief in der Materie sind.

Dann wird die weitere Vorgehensweise besprochen (ca. 5 Minuten) und es kommen der Abbau der Präsentationsmittel und die Verabschiedung. 95% der von mir als Coach begleiteten Präsentationen sind von kleinen Abweichungen abgesehen exakt so abgelaufen.

Mal ehrlich: Ist es daher verwunderlich, dass Terminierung als Ziel der Kaltakquise so schwierig geworden ist?

Trainer Tipp: Wenn Sie über eine Referenzstory (vgl. Kapitel 3) einsteigen und damit den Kunden für den persönlichen Kontakt gewinnen konnten, präsentieren Sie bitte gleich am Anfang Ihres Termins beim Kunden, wie Sie den Erfolg für Ihren Referenzkunden umgesetzt haben. Das wirkt frischer und konkret!

Aus diesen Überlegungen ergibt sich, dass viele Ansprechpartner ein Unbehagen verspüren, wenn ihnen ein Terminvorschlag unterbreitet wird. Wie können wir dem Kunden vermitteln, dass Ihre Unternehmensdarstellung "kein Vertriebs Bla Bla", sondern eine nutzenorientierte Prozessdarstellung enthält?

Noch einmal: Die Befürchtung des Neukunden besteht darin, viel Zeit für einen oft wenig informativen Termin zu verschwenden und sich unter Umständen auch bei seinem Vorgesetzten dahingehend erklären zu müssen, was dieser Termin eigentlich gebracht hat.

Hier hilft das von mir entwickelte **Verkaufsshow-Argument**. Sie argumentieren beim Terminvorschlag wie folgt:

"Was ich Ihnen gleich versprechen kann, unsere Vorstellung ist keine Verkaufsshow, sondern Frau/Herr (...), (die/der unseren Referenzkunden betreut hat) zeigt Ihnen im technischen Detail auf, wie wir den Umsatz bei unserem Referenzkunden in einem halben Jahr entgegen jeden Branchentrend um 30% gesteigert haben." Jetzt sofort ein Terminangebot unterbreiten: " Frau/Herr, wie sieht es denn bei Ihnen in der ersten (Monat) Woche aus? Ist es am Anfang oder am Ende der Woche besser?"

Die Wirkung dieser Vorgehensweise ist erstaunlich. Viele Kunden gehen auf das hiererzeugte Sprachbild sofort ein und vereinbaren mit Ihnen einen Termin.

Kapitel 7: Informationsgewinnung für den späteren Kontakt oder ein qualifiziertes Angebot

Nun ist es gerade bei oft reduzierten Außendienst Ressourcen wichtig, keine Termine ins Blaue zu vereinbaren, sondern nur Kunden zu besuchen, **die von Ihrem fachlichen oder technischen Profil her geeignet sind, Ihr Produkt oder Ihre Dienstleistung auch sinnvoll einzusetzen oder sich leisten zu können**.

Fast jeder männliche Zeitgenosse wird eine Probefahrt mit einem neuen Luxuswagen gerne vereinbaren. Ob er ihn als Firmenauto dann auch genehmigt bekommt, steht auf einem ganz anderen Blatt. Daher ist es wichtig, Informationsdetails zu bekommen, um einerseits das richtige Angebot mitzubringen, andererseits auch nicht die Ressource "Außendienst" zu vergeuden.

Viele Gesprächsempfehlungen gehen dahin, diese Fragen an den Anfang des Gesprächs zu ziehen, so etwa nach dem Gesprächseinstieg gleich zu fragen, was der Kunde denn in diesem Bereich bereits einsetzt oder mit welchem Dienstleister er bereits zusammen arbeitet.

Aus meiner Sicht kommt die Informationsgewinnung an dieser Stelle viel zu früh. Der Kunde kennt Sie noch nicht und reagiert an dieser Stelle oft ablehnend und fühlt sich ausgefragt, was an folgendem Beispiel deutlich wird: Stellen Sie sich einmal folgendes Gespräch vor. Sie werden am Telefon kontaktiert: "Guten Tag, mein Name ist Schmitt von der (…) Bank. Wir sind besonders für unseren Kundenservice bekannt. Bei welcher Bank sind Sie eigentlich derzeit?"

Wie würden Sie sich in der Regel verhalten? Wahrscheinlich würden Sie kurz angebunden reagieren oder zur Antwort geben: "Was geht Sie das eigentlich an? Ich kenne Sie ja gar nicht." Ähnlich fühlt sich ein (häufig mit Werbeanrufen bombardierter) Kunde, der wenig Lust hat, Firmeninterna mit jedem X-Beliebigen zu besprechen.

Wie kommen wir also zu unseren dringend benötigten Informationen über den Kunden?

Es gibt einen Zeitpunkt in dieser Art von Gesprächen, da ist der Ansprechpartner extrem auskunftswillig.

Können Sie sich denken, welchen Zeitpunkt ich meine?

Der beste Zeitpunkt zur Informationserhebung ist, wenn der Kunde einem Termin bereits zugestimmt hat.

Dann gehe ich wie folgt vor:

"Frau/Herr(...), vielen Dank, dass Sie uns die Möglichkeit geben, unser Leistungsspektrum bei Ihnen im Unternehmen vorzustellen. Damit sich unser Kollege optimal auf den Termin mit Ihnen vorbereiten kann, möchte ich Ihnen gerne drei Fragen zu Ihrem Unternehmen stellen Ist das für Sie okay?"

Jedem Kunden leuchtet an dieser Stelle ein, dass eine solide Vorbereitung für eine individuelle und qualifizierte Beratung unabdingbar ist. Gerne wird der Ansprechpartner Ihnen die gewünschten Auskünfte geben und Ihr Vorgehen sogar als besonders professionell einstufen. Jetzt haben Sie die Gelegenheit, dem

Kunden drei bis vier Fragen zu stellen. Von mehr würde ich abraten, sonst kommt es leicht zu einer Reaktion wie: "Wenn Sie mich jetzt weiter ausfragen, brauchen Sie gar nicht mehr vorbei kommen."

Trainer Tipp: Immer erst das "Ja" zum Termin einholen, dann ist Ihr Kunde besonders auskunftswillig. Sollte sich nach den Fragen heraus stellen, dass sich ein Besuch gar nicht lohnt, reagieren Sie wie folgt: "Ich glaube, im Augenblick ist das Produkt für Sie noch nicht geeignet. Für den Fall, dass sich bei Ihnen im Unternehmen wesentliche Veränderungen ergeben, schicke ich Ihnen auf jeden Fall meine Kontaktdaten, dass Sie mich jederzeit erreichen und informieren können."

Ich will Sie mit dieser Methode in die Lage versetzen, dass Sie unter der Vielzahl an bereits zugesagten Terminen diejenigen auswählen können, die Ihnen am lukrativsten erscheinen. Die Rücknahme des Termins wird Ihnen nicht verübelt, denn zu einer seriösen Beratung gehört es auch dazu, Ihrem Kunden keine suboptimale Lösung anzubieten.

Kapitel 8: Konstruktive Einwandbehandlung nach der Aikido Methode

1. Die Reflektionsfrage

Nachdem wir mit unserem Wunschkunden nun im Dialog sind, wird es Zeit, sich mit möglichen Einwänden zu beschäftigen. Da wir über die Erfolge eines neutralen Referenzkunden Interesse geweckt haben, können wir uns auch bei der Einwandbehandlung wieder auf diese Referenz beziehen. Reagiert der Kunde ablehnend oder negativ („Daran habe ich kein Interesse", "Da sind wir bestens versorgt", "Wir setzen bereits ein Konkurrenzprodukt ein und sind sehr zufrieden" oder andere häufige Standardeinwände), kann ich wie folgt reagieren:

"Ich verstehe Ihren Standpunkt. Eine ähnliche Antwort hat uns auch unser Referenzkunde (K) beim ersten Telefonat gegeben. Aber wenn wir unserem Referenzkunden bereits nach drei Monaten 30% an Entwicklungskosten, 30% an Lizenzkosten, 6000 Überstunden, 30% an Arbeitszeit einsparen konnten, warum glauben Sie, sollte das bei Ihnen im Unternehmen nicht möglich sein?"

Wenn wir auf diese Weise rückfragen, zeigt sich zunächst einmal, ob unser Kunde (Anfangsaufmerksamkeit bei höchstens 40%, vgl. die Übersicht zur "20 Sekunden Theorie" in Kapitel 3) uns überhaupt richtig zu gehört hat und den Nutzenaufhänger verstanden hat.

Zum anderen wird das Widerstandsverhalten Ihres Ansprechpartners reduziert, da er Ihnen ja nicht belegen kann, dass Sie den genannten Nutzen beim Referenzkunden nicht erzielt haben.

Die Reaktionen auf die Reflektionsfrage sind häufig überraschend und geben dem Gespräch nicht selten eine ganz neue unerwartet positive Richtung. Ich habe es schon erlebt, dass Kunden so reagierten: “Worum ging es noch einmal genau?“ oder “Da haben Sie eigentlich recht, wie haben Sie das Thema umgesetzt?“

Jedenfalls ist es bei dieser Vorgehensweise wahrscheinlich, mit dem Ansprechpartner wieder in den Dialog zu kommen und erneut nach Kriterien für eine spätere Zusammenarbeit zu fragen.

2. Die Aikido Methode zur Einwandbehandlung

Aikido ist ein betont defensiver moderner japanischer Kampfsport, dessen Ziel es ist, den gegnerischen Angriff abzuleiten, wobei die Kraft des Gegners intelligent genutzt wird, um den Gegner vorübergehend angriffsunfähig zu machen, ohne ihn schwer zu verletzen.

Dem entspricht das Grundschema einer **konstruktiven, wieder zum Dialog führenden Einwandbehandlung**.

Die Grundregel lautet: **Nie dagegen argumentieren, sondern offene Fragen stellen.** Bei einer Gegenargumentation versteift sich das Gegenüber noch mehr auf seinen Standpunkt und es entsteht schnell ein Konfliktgespräch. Sie als überzeugter Repräsentant Ihres Unternehmens möchten Recht behalten, genauso auch Ihr Kunde, der Sie noch gar nicht kennt. Diese Vorgehensweise führt vor allem dann schnell zum Streit, wenn Sie es mit einem älteren oder selbstbewussten Gesprächspartner zu tun haben, der schon lange im Unternehmen ist.

Negativbeispiel:

Kunde: “Ich arbeitet seit Jahren mit der Virenschutzsoftware (V) und bin damit sehr zufrieden.“

Telefon Berater: “Das ist ja eine total veraltete Technologie, da haben Sie ja nicht einmal ein Virenfrühwarn-System“. Wir dagegen bieten....“

Bei dieser Vorgehensweise wird dem Kunden im Grunde unterstellt, dass er zu dämlich ist, einen guten Virenschutz einzukaufen. Selbst wenn Sie mit Ihrer Argumentation völlig Recht haben, erzeugen Sie durch die Art der Formulierung mit Sicherheit Widerstand.

Beispiele nach der Aikido Einwandbehandlung:

“Welchen Prozess im Bereich Virenschutz müssten wir denn zusätzlich anbieten, damit Sie uns beim nächsten Lizenzkauf berücksichtigen?“

“Welche Kriterien müssten wir denn erfüllen, dass Sie unser Leistungsportfolio mit Ihrem Anbieter vergleichen?“

Sie sehen, die Kriterienfrage ist auch in der Einwandbehandlung perfekt einsetzbar.

3. Die Unterscheidung zwischen Vorwänden (Abwimmeln) und echten Einwänden (Kaufsignalen oder Wunsch nach intensiverer Beratung)

a. Das Pinocchio Prinzip oder warum Kunden nicht die Wahrheit sagen

Sie kennen sicherlich alle das schöne Märchen von Pinocchio, einer liebenswerten Holzpuppe, die nur den einen Wunsch hatte: ein echtes Menschenkind zu werden. Auf dem Weg dahin muss Pinocchio viele Abenteuer bestehen und jedes Mal, wenn er in einer Situation nicht die Wahrheit sagte, wuchs ihm eine lange Nase.

Meine eigenen Analysen von telefonischen Verkaufsgesprächen in Deutschland, Österreich und der Schweiz (DACH) kommen zu einem interessanten Ergebnis:

Nur etwa **5%** der Angesprochenen, die auf Dienstleistungs- oder Produktangebote angesprochen wurden, **begründeten ihre Ablehnung mit dem tatsächlichen Grund**. Demnach versteckten sich ca. 95% der Gesprächspartner hinter typischen Vorwänden wie z.B. keine Zeit, kein Geld, andere Projekte, die Vorrang haben oder "prinzipiell kein Interesse, wenn Sie etwas verkaufen wollen".

Dabei handelt es sich um klassische Vorwände, also vorgeschobene, in Wirklichkeit gar nicht existente Gründe, um den Verkäufer am Telefon möglichst schnell loszuwerden.

Erschreckend ist daran, dass Sie bei ca. 95% Ihrer Gespräche überhaupt keine Ahnung haben, ob Ihre Dienstleitung vielleicht optimal zu Ihrem Ansprechpartner passen würde, **weil Sie den hinter dem Vorwand verborgenen wahren Grund nicht kennen**.

So ist z.B. der häufigste Vorwand, kein Budget mehr für Neuanschaffungen zu haben. Bei der Häufigkeit dieser Antwort müssten die DACH Unternehmen kurz vor dem wirtschaftlichen Kollaps stehen☺. In Wirklichkeit hat der häufig kontaktierte Kunde längst gelernt, dass der Verkäufer das Gespräch am

Schnellsten beendet, wenn er zum Ausdruck bringt, kein Geld zu haben, es sich also für den Verkäufer nicht lohnt, weitere Zeit in ihn zu investieren.

Dazu ein Beispiel, das zeigt, dass es völlig sinnlos ist, auf den Vorwand einzugehen:

Kunde: "Wir haben für IT Neuanschaffungen kein Budget mehr"(= Vorwand)

Verkäufer: "Gut, dass Sie das Thema "Budget" gleich ansprechen, wir haben gerade für mittelständische Unternehmen seit letztem attraktive Finanzierungs-möglichkeiten, da können Sie den Bezahlungsmodus weitgehend selbst bestimmen…"

Diese an sich sehr geschickte Argumentation geht hier völlig ins Leere, **weil der vorgeschobene Grund "kein Geld" nicht existiert und dahinter vielleicht ein ganz anderer Grund steht**, z.B. sich nicht ein neues Produkt einzuarbeiten oder seine Mitarbeiter darauf schulen zu wollen. Würden sie diese Befürchtung kennen und wäre es gerade eine Besonderheit Ihrer Software, den Schulungs- und Einarbeitungsaufwand drastisch zu verkürzen, kämen Sie mit dem "flunkernden" Kunden sicher schnell ins Geschäft.

Noch deutlicher wird diese Problematik an folgendem Beispiel: Ein Unternehmensberater kontaktiert den Abteilungsleiter eines Unternehmens (U). Er stellt ihm am Telefon glaubhaft dar, dass durch seine Beratung die Teameffizienz in kürzester Zeit um 30 % optimiert werden könne. Dafür bringt er zwei einleuchtende Beispiele. Der Kunde reagiert sofort mit dem typischen Vorwand: "Für externe Berater haben wir in unserem Unternehmen kein Budget."

Was aber geht in unserem Kunden wirklich vor? Seine Befürchtung ist, vielleicht selbst in seiner leitenden Funktion als inkompetent dazustehen und sich die Frage seines Vorgesetzten gefallen lassen zu müssen, warum er eigentlich keine Vorschläge unterbreitet hat, um die Effizienz seines Teams zu steigern.

Auch dieses Beispiel zeigt deutlich, dass der vorgeschobene Grund nicht das Geringste mit der dahinter liegenden Motivation zu tun hat, den möglicherweise gefährlichen Berater so schnell wie möglich los zu werden.

Bitte nie gegen den Vorwand argumentieren, dieser ist nicht existent und ein Eingehen auf den Vorwand bestärkt den Kunden in seinem Bestreben, den Anrufer so schnell wie möglich aus der Leitung zu kriegen. Auch schon deshalb, weil er sich bei der "Unwahrheit" ertappt fühlt und nicht die geringste Lust verspürt, sich für sein Verhalten zu rechtfertigen.

b. Wie kann ich Vorwand und Einwand sicher voneinander unterscheiden?

Das ist im Grunde relativ einfach. **Ein Vorwand ist daran leicht zu erkennen, dass er wie aus der Pistole geschossen kommt, ohne dass ihr Angebot einer näheren Prüfung unterzogen worden ist.**

Bei der Aussage "kein Geld" handelt es sich immer um einen Vorwand, wenn Sie noch gar nichts zu Ihrer Preisstruktur geäußert haben. Woher soll der Kunde also wissen, ob die Anschaffung "zu teuer" ist?

Typische Vorwände sind:

- "Kein Budget" (etwa 70 % aller Kunden reagieren mit diesem Vorwand)

- “Keine Zeit“ (wegen laufender Projekte, etc.), ohne dass Sie etwas zum Zeitaufwand geäußert haben
- “Wir sind bestens versorgt“ (ohne den eigenen Dienstleister mit Ihrem Angebot verglichen zu haben)
- “Wir haben gerade etwas Vergleichbares angeschafft“ (Womit vergleicht der Kunde hier?), obwohl Sie noch nichts zu den Produkteigenschaften gesagt haben
- “Mit diesem Thema beschäftigen wir uns in frühestens in drei Jahren“ (“Hoffentlich habe ich jetzt drei Jahre Ruhe…“☺), warum will er erst in drei Jahren von den Einspar- und Optimierungsmöglichkeiten Ihrer Dienstleistung profitieren?

c. Wie bleibe ich trotz Vorwand (Abwehrmaßnahme) häufig im Gespräch?

Noch einmal: Ein Vorwand ist ein lediglich vorgeschobener, in Wirklichkeit nicht existenter Grund, der eine reine Abwehrmaßnahme darstellt. Auf den Vorwand einzugehen macht deswegen keinen Sinn, weil er in Wirklichkeit nicht existent ist und auf dem Erfahrungswert beruht, damit den Berater schnell aus der Leitung zu bekommen.

Aber natürlich gibt es hier ein erprobtes und sehr wirkungsvolles Mittel, im Gespräch zu bleiben.

Gesprächstaktisch geht es **darum, den Vorwand zunächst einmal auszublenden und das Gespräch in eine andere Richtung zu lenken.**

Dazu gleich ein Praxisbeispiel:

“Danke für Ihren Anruf, aber für eine neue Fräsmaschine haben wir derzeit *kein Budget.*“

Statt auf den Vorwand “kein Budget“ einzugehen, **blenden wir den Vorwand zunächst einfach aus:**

“Einmal abgesehen von der Finanzierung – **darauf kommen wir gleich noch einmal** (dieser Einschub ist besonders wichtig, weil sonst leicht der Eindruck entsteht, Sie ignorieren die Aussage des Kunden), was muss unser Produkt denn in technischer Hinsicht für Anforderungen erfüllen, damit Sie davon profitieren?“

Es ist erstaunlich, wie oft sich das Gespräch in eine ganz neue Richtung entwickelt. Häufig wird der ursprüngliche Vorwand gar nicht mehr thematisiert und andere Themen treten in den Vordergrund.

Wird dagegen auf dem ersten Thema weiter beharrt, ist darin ein Einwand (Wunsch nach mehr Beratung) zu sehen, der behandelt werden muss. Meist folgt dann auch eine nähere Erklärung zum Ablehnungsgrund, wie z.B.:

“Der Umstieg auf SAP und Windows 7 hat uns viel Geld gekostet. Daher ist für eine neue Fräsmaschine nicht mehr ausreichend Budget vorhanden“.

Ist der Satz so oder ähnlich formuliert, gehen wir gerne auf das Wahlthema da Kunden ein, jetzt macht es Sinn, z.B. wie folgt zu argumentieren: “Gut, dass Sie das Thema “Budget“ noch einmal ansprechen. Gerade für mittelständische Unternehmen bieten wir derzeit besonders attraktive Finanzierungsmodelle an, bei denen Sie den Zahlungsrhythmus selbst bestimmen können.“

Die Erfolglosigkeit vieler Einwandbehandlungen liegt darin, dass nicht der hinter dem Vorwand liegende eigentliche Einwand identifiziert und dann thematisiert wird, sondern dass der Vorwand statt des Einwandes behandelt wird. Damit wird der Kunde mit seiner "Notlüge" konfrontiert und eine verstärkte Abwehrposition einnehmen, es besteht erneut leicht die Gefahr eines Konfliktgesprächs.

d. Wie kontere ich die häufigsten (nervigsten Standard-) Kundenaussagen?

aa. "Wenn sie wollen, können Sie mir ja einmal Unterlagen über Ihr Unternehmen zusenden, ich melde mich dann bei Bedarf… "

Bei diesem Gesprächsende klatschen sich Anfänger in der telefonischen Beratung meist in die Hände und vermerken in Ihrer CRM Software "Kunde hat Interesse, Wiederanruf in einer Woche". Auf Nachfrage ihrer Vorgesetzten, wie denn die Telesales Aktion verlaufen ist, hört man dann oft: "Ist prima gewesen, ich habe heute bereits zehnmal Unterlagen verschickt".

Das ist leider in den meisten Fällen eine völlige Fehleinschätzung der wirklichen Motivation des Kunden. Im "Unterlagenwunsch" ist in 99 % der Fälle ein höflicheres **"Lass mich in Ruhe"** zu sehen. **Die Unterlagen werden in der Regel nie gesichtet und sind für das Folgegespräch eine echte vertriebliche Einbahnstraße. Die Wahrnehmung telefonisch angekündigter Versandunterlagen ist seitens der Kunden mittlerweile weit unter 2,5 % gesunken.**

Innerhalb (…) Tagen/Wochen werden die Unterlagen nachtelefoniert. Der Kunde reagiert dann auf die Frage "Hatten Sie schon Zeit, unsere Unternehmensbroschüre anzuschauen?" in meisten Fällen mit einer Verzögerungstaktik: "Leider hatten wir in den letzten Tagen sehr viel Projektarbeit. Melden Sie sich doch in vier Wochen wieder."

Folgt man nun dem Kundenvorschlag und kontaktiert ihn im vorgeschriebenem Zeitraum ein drittes Mal, setzt sich entweder die Verzögerungstaktik fort oder der Kunde reagiert wie folgt: “Ihre Unterlagen haben wir ja jetzt und wenn wir Bedarf haben, kommen wir wieder auf Sie zu.“

Dieser Kunde ist erst einmal verbrannt und kann frühestens in einem halben Jahr wieder angegangen werden. Das ist schon aus dem Grund sehr schade, weil er Ihr Angebot in der Regel gar nicht zur Kenntnis genommen hat, Sie als Dienstleister möglicherweise aber gut zu ihm gepasst hätten.

Daher sollte man im Gespräch zu besseren Ergebnissen kommen wie z.B. der Terminvereinbarung, einem Webinar Termin, einer Einladung zu einer Roadshow oder eines Telefonates mit einem Fachexperten aus Ihrem Unternehmen.

Wie reagiere ich dann auf den Kundenvorschlag, Unterlagen zu schicken?

Zwei Konter haben sich in der Praxis als höchst erfolgreich erwiesen:

Konter 1 (Zeitbeispiel):

“Danke für Ihr Interesse. Wir haben einmal auf die Uhr geschaut: Um die Unterlagen zu sichten, benötigen Sie exakt *35 Minuten* (kurze Sprechpause, bitte Zahl wirken lassen!) Unsere Präsentation vor Ort/Web-Präsentation/ Expertentelefonat dauert etwa eine Viertelstunde länger und wird auf Ihr Unternehmen zugeschnitten. Von welcher Darstellung – glauben Sie – profitieren Sie mehr?“

Welche Position bleibt dem Kunden bei dieser Argumentation? Er müsste sich dahin gehend äußern, dass er die "Unterlagen" sowieso ja nicht lese. Da er die Unterlagen aber gerade selbst angefordert hat, würde er der eigenen Aussage widersprechen und sich unglaubwürdig machen.

Konter 2 (sich mit dem Kunden verbünden):

"Danke für Ihr Interesse. Bitte verraten Sie mich nicht bei meinem Vorgesetzten, aber aus meiner Sicht sind unsere Unterlagen **ein wenig zu marketinglastig** (hier kommt oft ein zustimmendes Lächeln am Telefon) und können nicht im Detail aufzeigen, wie es uns beim Referenzkunden (R) gelungen ist, den Nutzen (N) im Zeitraum (Z) umzusetzen."

Bei dieser Argumentation wird sich also wieder auf die Einstiegsreferenz bezogen. Auch hier wird rhetorisch das Abwehrverhalten des Kunden stark eingeschränkt. Ihm bleibt eigentlich nur **eine** weitere Möglichkeit der Reaktion, nämlich dass er sagt: "Auch wenn die Unterlagen nicht aussagekräftig sind, möchte ich sie trotzdem lesen…"

Diese Reaktion habe ich noch nie erlebt.

Noch eine Anmerkung zum Thema "Unterlagen" und "Angebot". Hat ein Kunde ein ernsthaftes Interesse an einer Zusammenarbeit, wird er nicht nach Unterlagen im Allgemeinen fragen, sondern etwa so formulieren: **"Schicken Sie mir doch bitte ein Preisangebot für zehn Softwarelizenzen für die (…) Abteilung."** Dann bitte dem Wunsch des Kunden entsprechen und das Gewünschte zusammenstellen!

Welche Unterlagen sich dafür eignen, begleitend zu Telesales Aktionen versendet zu werden, beschreibe ich in einem späteren Kapitel.

bb. "Daran habe ich kein Interesse"

Dies ist der am schwierigsten zu wiederlegende Einwand überhaupt, weil er so unkonkret und es unmöglich zu sagen ist, was dahinter steckt:

- Eine Blockade der Kommunikation ("Lass mich in Ruhe") (ca. 65%)
- "Sie sind heute der fünfte Werbeanruf" (ca. 10%)
- Wirkliches Desinteresse an Ihrem Angebot (eher selten, ca. 3 %)
- "Keine Zeit für ein Gespräch (ca. 12%)"
- "Ich möchte jetzt das Gespräch beenden und mich nicht dafür rechtfertigen müssen, Ihre Dienstleistung nicht in Anspruch zu nehmen"

Aus diesen Zahlen wird klar, dass die kurze und bündige Aussage "kein Interesse" in der Regel gar **kein Einwand ist, sondern den Wunsch ausdrückt, das Gespräch möglichst sofort zu beenden.** Schade wäre es allerdings, diesem Ansinnen ohne Widerstand nach zu kommen, denn in nur etwa 3 % der Fälle liegt ein wirkliches Desinteresse an Ihrem Produkt oder Ihrer Dienstleistung vor. Auch hier entgeht Ihrem Gesprächspartner möglichweise die Chance, sich durch die Zusammenarbeit mit Ihnen zu verbessern.

Wie kontere ich also?

Da "kein Interesse" in der Regel abwehrend, also emotional gefärbt formuliert wird und Ihr gegenüber eigentlich den Hörer gleich auflegen möchte, **hilft nur eine auch emotionale Reaktion.** Die Lehrbuchempfehlung ist hierzu, nach den Gründen für das Desinteresse zu fragen. Das bringt den Kunden in die Situation, sich bei einem Wildfremden dafür rechtfertigen zu müssen, eine Dienstleistung nicht in Anspruch zu nehmen oder ein Produkt nicht kaufen zu wollen. Hier sind genervte Reaktionen vorprogrammiert und auch absolut nachvollziehbar. Also bitte nicht mit "Aus welchen Gründen haben Sie kein Interesse?" fortfahren!

Ich habe verschiedenste Kontermöglichkeiten durchprobiert. Die besten Ergebnisse (ca. 25% kamen ins Gespräch zurück) haben wir damit erzielt, den Kunden auf sich und weg vom Produkt zu ziehen. Wir reagierten also wie folgt:

"Hm, kein Interesse, lag vielleicht an meiner Darstellung, was von dem, was ich Ihnen gerade gesagt habe, klang denn so uninteressant für Sie (etwas betroffen vortragen!)?"

Hier habe ich häufig erlebt, dass wir noch einmal ins Gespräch gekommen sind und der Kunde mit einem ein wenig schlechten Gewissen wie folgt reagierte:

"So habe ich es auch nicht gemeint. Worum ging es Ihnen gleich noch?"

Eine zweite Kontermöglichkeit besteht darin, noch einmal die Einstiegsreferenz zu reflektieren und so zu formulieren:

"Hm, kein Interesse, wenn wir unserem Referenzkunden in so kurzer Zeit den Vorteil (V) verschaffen konnten, warum glauben Sie, soll das bei Ihnen nicht funktionieren?"

Eine dritte Variante ist etwas frech, führt aber oft zu einem Lacher und zu einer Fortsetzung des Gesprächs. Sie soll der Vollständigkeit halber auch erwähnt werden:

Trainer Tipp: "Kein Interesse? Sehen Sie, genau aus diesem Grund rufe ich ja an, ich möchte Ihr Interesse erwecken...."

cc. "Ich habe keine Zeit"

Lösung: offene Frage + Verkaufsshow Argument

"Welche Ergebnisse müssten wir denn gemeinsam erzielen, dass Sie sich eine Stunde für uns Zeit nehmen? Was ich noch einmal betonen will, es findet keine Verkaufsshow statt, sondern mein Kollege zeigt Ihnen im fachlichen Detail, wie es uns gelungen ist, bei Ihrem Mitbewerber/Referenzkunden den Nutzen (N) im Zeitraum (Z) zu erzielen"

dd. " Das sind wir ausreichend versorgt"

"Natürlich sind wir davon ausgegangen, dass Sie bereits mit Partnern zusammen arbeiten. Welche Branchenreferenzen/Konditionen/technische Standards benötigen Sie denn, dass ein Vergleich für sie in Frage kommt?"

ee. "Solche Anrufe bekomme ich viele...."

"Das kann lästig sein. Aber wie viele Anrufe haben Sie diese Woche schon bekommen, die für Ihren Mitbewerber/Referenzkunden innerhalb des kurzen Zeitraums (Z) den Nutzen (N) erzielt haben?" An dieser Stelle konkret bleiben und den 20 Sekunden Aufhänger wiederholen!

ff. Sonderfall: Der Kunde verweist auf andere Vorgesetzte (Mitarbeiter), die alleine bzw. mitentscheiden (Verbündungsansatz)

Häufig ist es bei komplexeren Produkten bzw. teuren Dienstleistungen so, dass die Anschaffung bzw. die Nutzung nicht von einer Person allein entschieden werden kann, bzw. Kollegen aus anderen Abteilungen oder der Geschäftsführer mitentscheiden.

Hier wird der Ansprechpartner in der Regel nicht gerne einen Termin vereinbaren, ohne sich mit den Mitentscheidern über das Thema bzw. den Präsentationszeitpunkt ausgetauscht zu haben. Gerne wird hier wieder auf Unterlagen abgestellt, die im Vorfeld gesichtet werden sollen. Dann laufen wir wieder Gefahr, den Unterlagen hinterher telefonieren zu müssen und geraten in die Abhängigkeit davon, wann der Ansprechpartner das Thema mit seinen Kollegen bespricht (wenn überhaupt). Auch kann der Kunde sich wie folgt äußern: "Ich finde das Thema gut, aber ich bekomme von meinem Geschäftsführer bzw. der zuständigen Abteilung niemals das Budget für solch eine Anschaffung bewilligt."

Hier ist taktisch zu bedenken, **dass in den verschiedenen Unternehmensbereichen sehr unterschiedliche Motive für Veränderungen bestehen**. Die Fachabteilung ist in der Regel an Arbeitshilfen interessiert, die Prozesse beschleunigen, die Arbeit vereinfachen oder mehr Spaß in den Arbeitsalltag bringen. Ein Geschäftsführer wird sich in der Regel an Prozessen orientieren, die den Umsatz steigern oder die Betriebskosten nachhaltig senken. Die "Arbeitsbequemlichkeit" ist für die Geschäftsleitung in vielen Fällen zweitrangig, wenn die Prozesse auch ohne neue Anschaffungen mehr oder weniger zufriedenstellend laufen.

Welche Vorgehensweise empfiehlt sich hier?

Ganz falsch wäre es, den erst kontaktierten Ansprechpartner einfach zu übergehen ("Sprich mit Kuchen nicht mit Krümel!") und einfach den "Budgetentscheider" zu verlangen, denn damit bringen Sie zum Ausdruck, die Mitwirkung des fachlich zuständigen Ansprechpartners gering zu schätzen. Er wird dann in vielen Fällen die Zusammenarbeit mit Ihnen nicht gerade befürworten bzw. sich sogar dagegen aussprechen.

Da es unter Umständen auch sehr lange dauern kann, bis Ihr Erstkontakt alle (Mit)Entscheider an einen Tisch gebracht hat, sollte zunächst ein Termin mit dem Fachentscheider vereinbart werden, um in ihm einen wertvollen Verbündeten und Empfehler zu gewinnen. Man argumentiert am besten wie folgt:

"Ich schlage folgendes vor, Frau/Herr(...), wir vereinbaren erst einmal einen Termin zu zweit, damit Sie umfänglich beurteilen können, welches (Dienstleistungs-)Paket für Sie am ehesten in Frage kommt. Sie kennen Ihren Geschäftsführer ja am besten, geben Sie mir doch einen Tipp, welche Referenzen und Zahlen ich zu dem Termin mitbringen soll, damit wir ihn oder Ihre Kollegen gemeinsam überzeugen können, auf welche Weise wir in Zukunft zusammen arbeiten"

Mit dieser Taktik zeigen Sie Ihrem Ansprechpartner, dass Sie seine Kompetenz und Mitarbeit zu schätzen wissen und haben optimaler Weise nach Ihrem Termin einen ersten wichtigen Befürworter für Ihr Lösung gewonnen. Besonders gut funktioniert diese Taktik, wenn Sie Ihrem Gesprächspartner glaubhaft vermitteln, wie wichtig Ihnen seine fachliche Mitarbeit ist.

Kapitel 9: Welche Versandunterlagen sind im Zusammenhang mit Kaltakquise Aktionen sinnvoll?

Noch einmal das Arbeitsbeispiel zum Thema **"Versandunterlagen"** bei einem typischen Kaltakquiseszenario: Sie haben einen möglichen Neukunden erstmals kontaktiert. Ihr Gesprächspartner hört sich Ihr Thema mehr oder weniger interessiert an und bittet am Schluss um die Zusendung aussagekräftiger Unterlagen.

Diesem Wunsch wird mit meist gut gemachten Firmen- und Imgagebroschüren entsprochen. Hierin liegt eine **vertriebliche Einbahnstraße**. In den Folgetelefonaten wird nachgefragt, ob Ihr Wunschkunde schon Gelegenheit hatte, das Material zu sichten. Da die Sichtungsquote von Versandunterlagen derzeit bei unter **2,5 Prozent** liegt, stößt man in der Regel auf folgende Reaktion: "Wegen laufender Projekte bin ich leider bisher nicht dazu gekommen, mich mit Ihren Unterlagen zu beschäftigen, rufen Sie doch bitte in drei/vier Wochen wieder an". Nach zwei bis drei Erinnerungsanrufen verhält sich der Ansprechpartner wie folgt: "Wir haben ja Ihre Unterlagen und bei Bedarf komme ich auf Sie zu".

Dieser Kunde ist für das nächste halbe Jahr erst einmal verbrannt und in meiner über 10 jährigen Tätigkeit als Verkaufstrainer sind mir kaum Fälle bekannt, in denen der "Unterlagenkunde" von sich aus Kontakt aufgenommen hätte. Mit dem von mir entwickelten "**SELBSTCHECKKONZEPT**" wird diese Reaktion vermieden, es werden Themen vermittelt, die in den Folgegesprächen besprochen werden können.

Optimaler Weise sollten Begleitunterlagen also nicht alle Fragen bereits beantworten, **sondern Fragen aufwerfen**, die Sie mit Ihrem Ansprechpartner beim nächsten Telefongespräch besprechen können. Der Selbstcheck ist von seinem Aufbau her denkbar einfach und kann ohne weitere Kosten leicht selbst erstellt werden. Bei konsequenter Anwendung kommen Sie im Zweitgespräch mit dem Kunden wieder in den Dialog, ohne ständig danach fragen zu müssen, ob die Unterlagen bereits gesichtet worden sind.

Der Selbstcheck besteht nur aus einer Seite, die im Anhang verschickt werden kann oder auch direkt als HTML-Text in die E-Mail übernommen wird.

Untersuchungen zu diesem Thema zeigen, dass durch eine Broschüre mit vielen Seiten bereits eine erste Hemmschwelle aufgebaut wird, sich zeitnah damit zu befassen ("Das lese ich dann, wenn ich einmal Zeit habe" – also im Regelfall nie).

Als Überschrift verwenden Sie eine Referenzaussage eines besonders zufriedenen Kunden, mit dem Sie diese Vorgehensweise bitte vorher abstimmen. Optimaler Weise ist die Referenzaussage detailliert und nicht nur eine allgemeine Zufriedenheitsbekundung:

"Wir haben mit dem Unternehmen (U) in einem Projekt(P) seit (...) Jahren sehr profitabel zusammen gearbeitet. Zielsetzung war die Umsetzung des Projekts (P) im Zeitraum (Z) mit folgenden Aufgaben: (…). Dabei ist es dem Dienstleister (U) gelungen, die Zielsetzung (Z) mit einer Umsatzsteigerung von ca. (…) % zu erreichen. Besonders zufrieden waren wir mit der Zuverlässigkeit der von (U) eingesetzten Produkte bzw. mit der umfassenden Betreuung durch (U) während des ganzen Projektzeitraums."

Unter die Referenzaussage kommen der Vorname, der Name und die Position des Referenzgebers.

Danach folgt folgender Text:

Machen Sie den Selbstcheck: Sind wir für Sie der richtige Partner?

Dann folgen **vier qualitative Aussagen** zu Ihren Lösungen, die der Leser sinnvollerweise nur mit "Ja" beantworten kann, wie z.B.:

- Ihnen ist es wichtig, mit einem Partner zusammen zu arbeiten, der in Ihrer Branche bereits über jahrelange Projekterfahrung verfügt (Innere Antwort: "ja klar")?
- Ihnen liegt an einem persönlichen Ansprechpartner bei uns, den Sie jederzeit direkt erreichen können, ohne den zeitraubenden Umweg über eine kostenpflichtige Hotline gehen zu müssen (Innere Antwort: "ja klar")?
- Sie legen Wert darauf, einen TÜV geprüften und (...) zertifizierten Partner zu haben, der sich bei seinen Lösungen gerade auf mittelständische Unternehmen konzentriert (Innere Antwort: "ja klar")?
- Sie legen Wert auf einen qualifizierten 24 Stunden Support, der auch außerhalb der Geschäftszeiten für Sie jederzeit erreichbar ist (Innere Antwort: "ja klar")?

Weiter geht es mit folgendem Text:

Wenn Sie für sich nur eine der vier Fragen mit einem klaren "Ja" beantworten können, lohnt es sich auf jeden Fall, mit einem unseren Fachberater einen Termin zu vereinbaren. Gern kontaktiere ich Sie in den nächsten Tagen erneut, um das Thema zu konkretisieren.

Dann folgt der Vor- und Zuname Ihres Akquise-Mitarbeiters.

Nach ca. vier Tagen fassen Sie die Selbstcheck-Email nach. Der strategische Vorteil liegt auf der Hand, wenn Sie dann wie folgt vorgehen:

“Guten Tag, Frau/Herr(…),
mein Name ist (…) von (…). Es geht um folgendes:

Ich hatte Ihnen am (…) unseren Selbstcheck zu geschickt. Es ist nur eine Seite, können Sie die E-Mail kurz mit mir zusammen öffnen? Vielen Dank…“

Hat der Kunde zu etwa 65% die E-Mail mit Ihnen zusammen geöffnet (er hatte ja ausdrücklich Unterlagen angefordert ☺), fragen Sie offen nach:

“Wir haben hier die Punkte zusammengefasst, von denen wir von unseren Kunden das Feedback bekommen haben, dass wir in diesen Bereichen außerordentlich erfolgreich arbeiten. Welches Thema ist Ihnen dabei am Wichtigsten?“

Und Sie sind wieder im Dialog.

Ich habe dieses Unterlagensystem in den verschiedensten Branchen getestet. Es hat meinen Kunden stets treue Dienste geleistet und sie mit vielen Ansprechpartnern, die die Kürze und Übersichtlichkeit des Selbstchecks in der Regel sehr zu schätzen wussten, mühelos wieder ins Gespräch gebracht.

Ein Wort zum Schluss:

Die hier beschriebenen Methoden sind das Ergebnis eines jahrelangen, oft auch von Rückschlägen begleiteten Lernprozesses, eine effiziente Methode für die branchenübergreifende Kaltakquise zu entwickeln. Erste Erfolge stellten sich ein, als ich den Gesprächseinstieg interessanter gestaltet und mit mehr Nutzendetails für den Kunden versehen habe. Die sehr konkrete Kriterienfrage gab uns in den Gesprächen einen weitgehend sicheren Stand und führte oft zu interessanten Gesprächen, in denen der Kunde sich langsam öffnete und über Details seiner Arbeitsweise und seiner Projektziele sprach.

Auch die hier beschriebene Methodik funktioniert nicht zu 100 %. Es gibt nach wie vor viele Ansprechpartner, die sich absolut beratungsresistent verhalten und jeden noch so konstruktiven Ansatz im Keim ersticken. Lassen Sie sich von diesen Gesprächen nicht entmutigen, die statistisch sehr erfolgreiche und mittlerweile in vielen auch großen Unternehmen eingesetzte Vorgehensweise weiter zu verwenden.

Sollten Sie Fragen oder Anregungen zu den dargestellten Themen haben oder mich als Trainer für Ihre Vertriebsmannschaft buchen wollen, kontaktieren Sie mich einfach unter UrbanSchmitt@aol.com. Ich freue mich auf Ihr Feedback und Ihre Erfahrungsberichte bei Anwendung der 20 Sekunden Theorie und stehe Ihnen jederzeit mit Rat und Tat zur Seite. Ich freue mich, wenn Sie mit den beschriebenen Tipps zu Ihren Wunschkunden kommen und Ihr Unternehmen davon profitiert.

Am Ende noch ein Zitat von Henry Ford, dass heutzutage viele Unternehmer mehr berücksichtigen sollten:
"Ich höre mir jedes Angebot an, es könnte das beste meines Lebens sein..."

14549022R00045

Printed in Poland
by Amazon Fulfillment
Poland Sp. z o.o., Wrocław